재능이 뛰어난 사람을 조기에 발굴하여
능력과 소질에 맞는 교육을 실시함으로써
개인의 타고난 잠재력을 계발하고 개인의 자아실현을 도모하며
국가와 사회의 발전에 이바지하게 함을 목적으로 한다.

영재교육 진흥법 제1조(목적)

자신의 능력과 소질에 맞는 책을 만나, 개인의 타고난 잠재력을 계발하고 개인의
자아실현을 도모하며 국가와 사회의 발전에 이바지하는 성장이 이루어지기를
도서출판 세화가 응원합니다.

생소한 물리수업

호기심을 실력으로 바꾸는
브리지 영재 학습

생소한 물리수업

신학수 · 남철주
지음

도서출판
세화

프롤로그

- chat GPT로 세상이 떠들썩합니다.

　인공지능이 사람의 지적 능력을 대체할 가능성을 보여주기 때문이지요. 상상만 했던 일들이 현실이 되는 것을 보면 과학기술의 발전이 정말 놀랍다는 생각이 듭니다. 그런데 돌이켜보면 인류의 역사에 이런 놀라운 경험은 늘 있어 왔습니다. 코페르니쿠스의 태양중심설, 뉴턴의 고전역학, 상대성이론과 양자역학을 기반으로 한 현대물리학 등 새로운 학문이 등장할 때마다 인류는 장밋빛 미래상을 기대했었지요. 그러고 보면 지금 우리가 경험하고 있는 인공지능 기술은 새로운 시대를 여는 서막에 불과한 것일지도 모릅니다. 머지않은 장래에 인공지능을 포함한 정보기술뿐만 아니라 생명과학의 획기적인 발전을 기반으로 한 새로운 과학기술이 등장하게 될 것이기 때문이지요.

　앞으로는 정보와 생명과학이 융합된 새로운 과학기술 시대가 시작될 것이고, 웬만한 문제는 인공지능이 해결하게 될 것입니다. 이렇듯 새로운 과학기술은 예측 불가한데다가, 인간의 정체성에 대한 의문도 담고 있어서 간혹 희망보다는 불안이 더 크게 보이기도 합니다.

이런 시대를 살아가야 할 사람이 갖추어야 할 능력은 무엇일까요? 적어도 문제 해결 방법을 스스로 설계할 수 있는 역량은 갖추어야 하지 않을까요? 이러한 역량을 갖추고, 나아가 시대를 이끌어 가는 인재로 성장하려면 어떻게 해야 할까요?

기본으로 돌아가야 합니다. 현대 과학기술의 겉모습에 취하지 말고 과학의 본질을 파고들어야 합니다. 특별히 물리학은 이러한 현대 과학기술의 본질을 이루고 있기에 더욱 관심을 가져야 할 학문입니다.

호기심을 실력으로 바꾸는 브리지 영재 학습, 생소한 물리수업은 과학에 흥미를 갖고 있는 초등학교 고학년 이상의 학생을 대상으로 집필되었습니다. 물리학을 포함한 과학에 많은 관심을 가지고 있던 초등학생이 중학생, 고등학생이 되며 과학을 어렵고 지겨운 과목으로만 생각하게 되는 안타까운 현실을 되돌리고 싶었습니다. 그래서 꼭 필요한 내용을 쉽고 재미있게 전달하기 위해 노력하였고, 책을 읽고 나면 자연스럽게 물리학의 큰 그림이 그려질 수 있도록 구성하였습니다.

이 책이 초등과학을 뛰어넘어 더 깊은 과학으로 가는 가교가 되고, 물리학의 기초를 제대로 공부하려는 학생에게 하나의 길잡이가 되어주길. 그래서 이 책을 읽은 학생들이 훌륭한 과학 인재로 성장하는데 작은 도움이 되길 희망합니다.

저자 일동

차례

프롤로그　004
이 책을 활용하는 법　010
등장인물 소개　012

PART 1 파동의 전파 교실
파동은 때론 깊은 감동을 준다　014

개념문제 038 ｜ 응용문제 042 ｜ 영재문제 046

PART 2 파동의 간섭과 회절 교실
꽉 막힌 우리 사이에도 대화가 통하는 이유　048

개념문제 066 ｜ 응용문제 070 ｜ 영재문제 072

소리(음파) 교실

중요한 소식은
땅이 먼저 알려준다 074

개념문제 110 | 응용문제 114 | 영재문제 116

기하광학 교실

태양빛 아래에서
모든 것이 드러난다 118

개념문제 150 | 응용문제 152 | 영재문제 156

파동광학 교실

선글라스라고 다 같은
선글라스가 아니다 158

개념문제 186 | 응용문제 190 | 영재문제 192

PART 6

빛과 물질의 이중성 교실

보이는 모습이
전부는 아니다 194

개념문제 222 | 응용문제 224 | 영재문제 226

PART 7

보어 원자 모형 교실

원자를 이해하는
가장 친절한 설명 228

개념문제 260 | 응용문제 262 | 영재문제 264

PART 8

불확정성 원리 교실

불확실한 오늘 하루도
잘 지내는 방법 266

개념문제 292 | 응용문제 294 | 영재문제 296

PART 9　상대성 이론 맛보기 교실

엄마와 나의 슬픈 상대성 이론 298

개념문제 326 ｜ 응용문제 328 ｜ 영재문제 330

PART 10　등가 원리와 일반상대성 이론 교실

블랙홀의 매력에 빠져들다 332

개념문제 354 ｜ 응용문제 356 ｜ 영재문제 358

정답 및 풀이　361

이 책을 활용하는 법

생소한 물리수업③은 파동과 원자에 관한 기본 개념의 학습, 적용, 응용을 할 수 있도록 구성되었습니다. 독자들의 어려움을 줄이기 위해 과학 및 물리학 교육과정을 바탕으로 하였고, 물리학의 본질을 설명하는데 불가피한 경우가 아니면 어려운 수식은 피하려고 노력하였습니다.

1단계 일단 재미있게 읽는다.

① 주제

② 선생님과 학생들의 대화를 통해 이번에 배우게 될 내용이 무엇인지 알아본다.

③ 선생님의 깊이있는 설명이 필요한 부분은 본문에서 자세하게 나온다.

2단계 멈추고 반복한다.

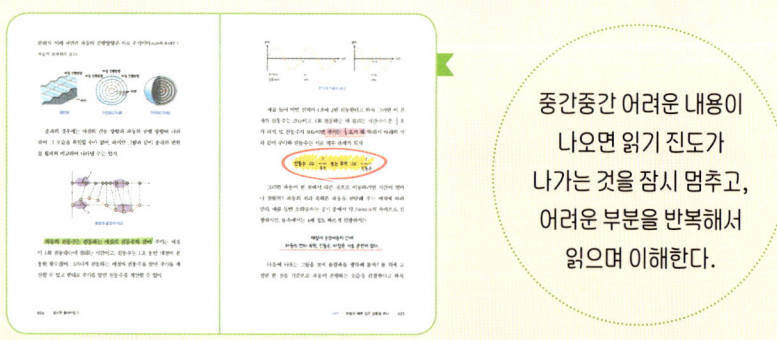

중간중간 어려운 내용이 나오면 읽기 진도가 나가는 것을 잠시 멈추고, 어려운 부분을 반복해서 읽으며 이해한다.

3단계 스스로 확인한다.

❶ 본문을 통해 내가 알게 된 내용이 무엇인지, 이 내용에서 나올 수 있는 문제는 어떤 것들이 있는지 알아본다.

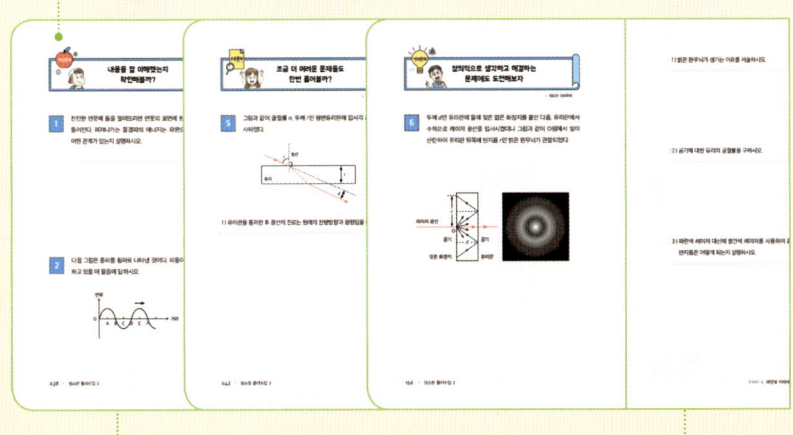

❷ 난이도별로 구성된 개념-응용-영재문제를 풀어보고 나의 실력이 어느 정도인지 가늠해본다.

4단계 궁금증이 해소될 때까지 파고든다.

더 깊이 있는 내용을 알고 싶다면
blog.naver.com/nam24111로 Go, Go~
남쌤의 친절한 답변을 들을 수 있다.

등장인물 소개

신쌤

물리는 정확한 개념을 오류없이 배워야 한다고 늘 강조하시는 선생님

남쌤

어려운 물리를 쉽고, 재미있게 가르칠 수 있는 방법을 늘 고민하시는 선생님

장빛나

나이: 12세

취미: 책읽기, 군것질, 주말의 뒹굴이

어렸을 때는 쌀, 설탕, 밀가루를 요리재료가 아닌 실험재료로 알았을 정도로 실험을 좋아했다. 이름 때문인지 재미있는 걸 배울 때는 머리에서 빛이 난다.

용수철

나이: 12세
취미: 옷무덤 만들기,
SNS 과학채널 구독하기

파키케팔로사우루스, 드로미케이오미무스… 잘 돌아가지도 않는 혀로 끊임없이 공룡이름을 외우고 외우며 유아기를 보냈다.
세상 모든 것이 궁금한 호기심 덩어리, 모르는 걸 알 때까지 공부하는 집요함이 있다.

나영특

나이: 13세
취미: 새로 나온 과학책 찾기,
금요일 밤늦게까지 게임하기

17개월 때 자동차 플랩북을 본 이후 모든 돌아가는 것들을 사랑하게 된 바퀴홀릭 영아기를 보냈다.
기가막히게 설명을 잘하는 타고난 이야기꾼, 잘났지만 잘난척을 안해서 친구들이 좋아한다.

파동의 전파 교실

진동과 파동

우리 주변의 물체들은 크고 작게 흔들리고 있는데, 물체가 한 장소에서 하나의 점을 중심으로 흔들리는 것을 진동이라고 해.

종을 치는 경우를 한번 생각해봐. 종의 진동이 얼마 동안 계속되다가 소멸되지. 이렇게 진동이 공기 중으로 퍼져나가는 것을 파동이라고 해.

다시 말하면 파동은 진동이 한 장소에서 다른 장소로 퍼져나가는 것을 말하는 거야. 우리가 퐁당퐁당 동요를 부를 때도 나온 내용이지만, 잔잔한 연못에 돌멩이를 떨어뜨리거나 빗방울이 떨어지면 그곳을 중심으로 물결이 사방으로 퍼져나가게 되는 것을 볼 수 있을 거야. 그것이 바로 돌멩이나 빗방울이 만든 파동이라는 거지.

파동의 전파

공간의 한 곳에서 어떤 진동을 일으키느냐에 따라 여러 가지 파동이 만들어져. 물속에 떨어진 돌멩이, 공기 중에서 진동하는 기타줄 등과 같이 진동이 일어난 곳을 파원이라 하고 물, 공기 등과 같이 진동을 전달하는 물질을 매질이라고 해.

줄의 진동

그림과 같이 줄의 한끝을 흔들고 있으면, 규칙적인 진동이 줄을 따라 이동하지. 진동이 줄을 따라 수평 방향으로 이동해 가는 동안 줄의 각 부분은 위아래로 움직여. 이때 줄을 따라 이동해 가는 것은 진동이지 줄 자체는 아니야.

또한 방의 한 구석에 있는 어떤 사람이 나에게 말을 할 때, 소리는 하나의 파동이 되지만 바람이 부는 것처럼 공기 분자들이 이동해 오는 것은 아니야. 소리가 전달되는데 공기는 하나의 매질이어서 줄이나 물체에서 파동이 전달될 때처럼 에너지를 전달해줄 뿐이야.

파원으로부터 수신자에게 전달되는 것은
매질을 따라 진동이 전달되는 것이다.
매질 자체가 이동하여 전달되는 것은 아니다.

즉 파동을 통해서 에너지가 전달되는 것이지.

소리는 파동의 형태로 우리 귀에 도달하는 에너지이고, 빛은 소리와는 다른 파동의 형태(전자기파)로 우리 눈에 도달하는 에너지야.

잔잔한 연못에 돌을 던지면, 다음에 나오는 그림과 같이 동심원 모양의 물결파가 만들어지며 퍼져 나가게 되지. 이때 물은 나뭇잎의 운동처럼 제자리에서 진동할 뿐 물이 이동하는 것은 아니고 에너지만 전달할 뿐이야.

그러면 물결파가 퍼져나갈 때 전달되는 에너지는 일정한데, 왜 사라지게 되는 걸까? 물결파가 점점 퍼져나가면서 반지름이 증가하면

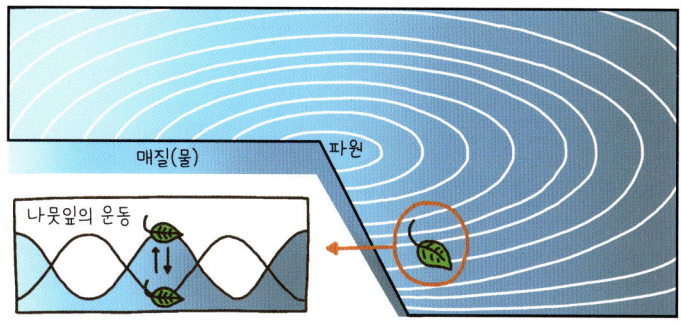

동심원의 물결파

원주의 단위 길이당 전달되는 에너지가 작아지고 물결파의 높이도 줄어들기 때문에 차차 사라지게 되는 거야.

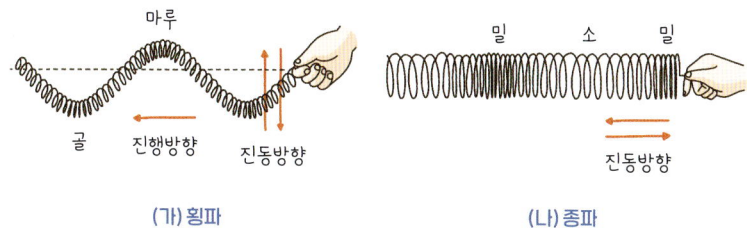

(가) 횡파   (나) 종파

그림 (가)와 같이 용수철의 한끝을 위아래로 흔들어서 파동을 만들어보자. 이 경우 용수철의 진동은 파동이 진행하는 방향과 수직이 되지. 이처럼 파동의 진행 방향과 매질(여기서는 용수철)의 진동 방향이 수직일 때 이러한 파동을 횡파라고 해.

액체 표면에서 생기는 물결파, 지진파의 S파, 전자기파는 횡파야. 특히 전자기파(빛)는 매질이 없어도 전달이 되는 횡파야.

앞의 그림 (나)와 같이 용수철을 앞뒤로 흔들어 파동을 만들면 횡파와는 다른 형태의 파동이 만들어져. 이 경우 용수철의 진동은 파동이 진행하는 방향과 나란하지. 이처럼 파동의 진행방향과 매질의 진동방향이 나란할 때 이러한 파동을 종파라고 해. 물체의 진동이 공기 중으로 퍼져나가는 음파나 지진파의 P파는 종파야.

그러면 파동은 어떻게 생겼을까? 파동이 전파될 때 어느 한순간의 모습을 보면 그림과 같이 다양한 모양으로 나타나.

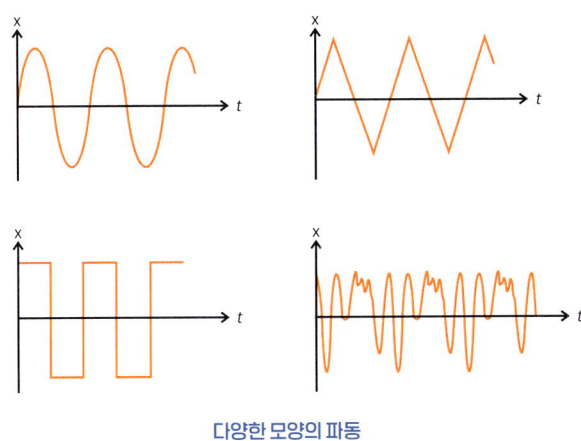

다양한 모양의 파동

자연에서 파동은 이와 같이 다양한 모습으로 나타나는데 그 가운데 삼각함수가 가장 기본적인 파동이지.

그림 (다)는 전파되는 파동의 한순간의 모양이고, 그림 (라)는 한 곳에서 진동하는 매질의 시간에 따른 변위를 나타낸 거야. 매질이 제자리에서 진동할 때 진동중심에서 변화된 위치까지의 거리를 변

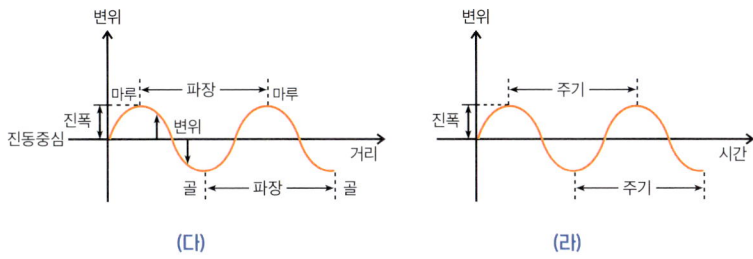

(다) (라)

위, 파동이 높이 올라간 부분을 마루, 움푹 들어간 부분을 골이라고 해.

진동 중심(평형점)에서 최대 변위인 파동의 마루 또는 골까지의 거리를 진폭(A)이라고 하지. 그림 (다)를 보면 알 수 있듯이 마루에서 이웃한 마루 또는 골에서 이웃한 골까지의 거리를 파장이라고 하는데 일반적으로 파장(λ)은 파동의 한 부분에서 모양(위상)이 같은 이웃한 부분까지의 거리라 할 수 있어. 또 그림 (라)에서 보여주듯이 매질이 1회 진동하는데 걸린 시간은 주기(T)라고 하지.

1권에서 선생님이 등속원운동하는 물체의 그림자를 이용해서 단진동을 설명한 적이 있어. 이처럼 단진동하는 물체의 위치를 등속원운동하는 물체의 각도로 나타낼 수 있는데 이것을 위상이라고 해.

진동중심과 마루의 위상 차이는 $90°$ 또는 $\frac{\pi}{2}$[rad]가 되는 거지. 따라서 마루와 골의 위상 차이는 $180°$ 또는 π[rad]인 거야. 위상이 $180°$ 차이가 나는 경우에는 '위상이 반대'라고 표현하기도 해.

파동이 전파될 때 매질의 위상이 같은 점들을 연결한 면을 파면이라 하는데 파면의 모양에 따라 그림과 같이 평면파와 구면파로 구

분하지. 이때 파면과 파동의 진행방향은 서로 수직이야.(029쪽, PART 1_ 파동의 전파원리 참고)

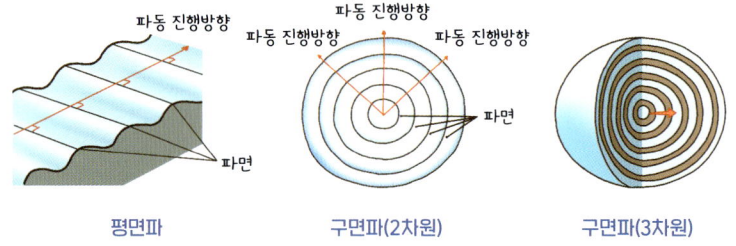

평면파   구면파(2차원)   구면파(3차원)

종파의 경우에는 매질의 진동 방향과 파동의 진행 방향이 나란하여 그 모습을 확인할 수가 없어. 하지만 그림과 같이 종파의 변위를 횡파와 비교하여 나타낼 수는 있지.

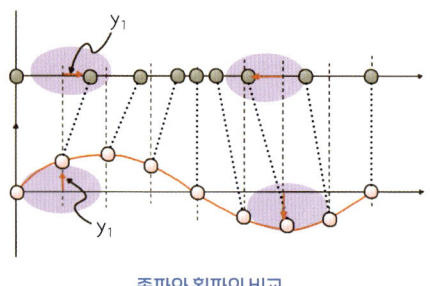

종파와 횡파의 비교

파동의 진동수는 진동하는 매질의 진동수와 같아. 주기는 매질이 1회 진동하는데 걸리는 시간이고, 진동수는 1초 동안 매질이 진동한 횟수잖아. 그러니까 진동하는 매질의 진동수를 알면 주기를 계산할 수 있고 반대로 주기를 알면 진동수를 계산할 수 있어.

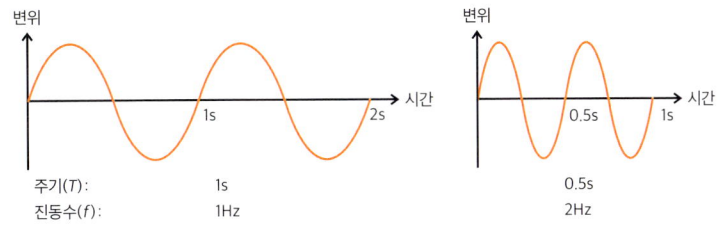

주기와 진동수 비교

예를 들어 어떤 진자가 1초에 2번 진동한다고 하자. 그러면 이 진자의 진동수는 2Hz이고, 1회 진동하는 데 걸리는 시간(주기)은 $\frac{1}{2}$초가 되지. 또 진동수가 3Hz이면, 주기는 $\frac{1}{3}$초가 돼. 따라서 아래의 식과 같이 주기와 진동수는 서로 역수 관계가 되지.

$$\text{진동수} = \frac{1}{\text{주기}} \quad \text{또는} \quad \text{주기} = \frac{1}{\text{진동수}}$$

그러면 파동이 한 곳에서 다른 곳으로 이동하려면 시간이 얼마나 걸릴까? 파동의 전파 속력은 파동을 전달해 주는 매질에 따라 달라. 예를 들면 소리(음파)는 공기 중에서 약 340m/s의 속력으로 진행하지만, 물속에서는 4배 정도 빠르게 진행하거든.

> 매질이 무엇이든지 간에
> 파동의 전파 속력, 진동수, 파장은 서로 관련이 있다.

다음에 나오는 그림을 보며 물결파를 생각해 볼까? 물 위에 고정된 한 점을 기준으로 파동이 진행하는 모습을 관찰한다고 하자.

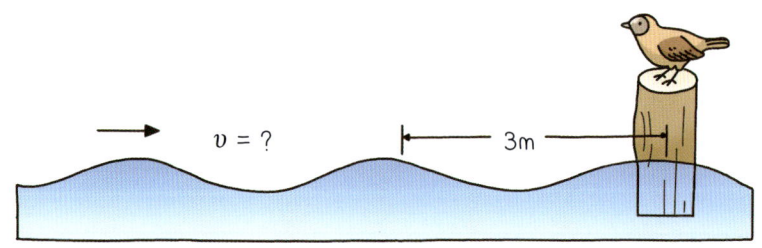

매초마다 지나가는 마루의 수(진동수)와 마루와 마루 사이의 거리(파장)를 알아낸다면 우리는 특정한 마루가 매초당 이동해 가는 수평거리를 계산할 수 있어.

매 초당 2개의 마루가 지나가고 파장이 3m라면, 파동은 매 초당 2×3m를 진행하게 되지. 따라서 파동의 속력은 6m/s가 되는 거야.

또한 파동은 매질이 1회 진동하는 동안 또는 한 주기 동안 한 파장의 거리를 진행하니까 파동의 속력은 진동수와 파장의 곱이나 파

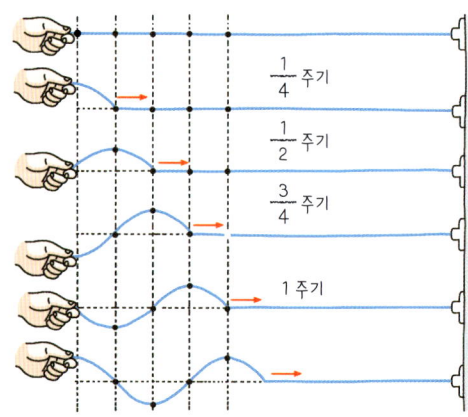

장을 주기로 나누어 나타낼 수 있어.

파동의 속력은 다음과 같은 식으로 나타낼 수 있지.

$$v = f\lambda = \frac{\lambda}{T}$$

여기서 v는 파동의 속력, f는 진동수, T는 주기, λ는 파장

이 식은 물결파, 음파, 전자기파에 상관없이 모든 파동에 적용돼.

그럼 이제 전파되는 파동과 매질의 진동을 수식으로 나타내는 파동함수에 대해서도 알아보자. 파동이 전파될 때 매질은 단진동하니까 변위는 $y = A\sin\omega t$ 가 된다는 것은 이미 배워서 잘 알고 있지?(1권, 362쪽_단진동 참고)

그림과 같이 파동이 $+x$축 방향으로 v의 속력으로 전파된다면 원점 O에서 거리 x만큼 떨어진 곳에 있는 P점까지 이동하는데 필요한 시간은 $\frac{x}{v}$야. 따라서 시각 t일 때 P점의 변위는 그 시각보다 $\frac{x}{v}$만

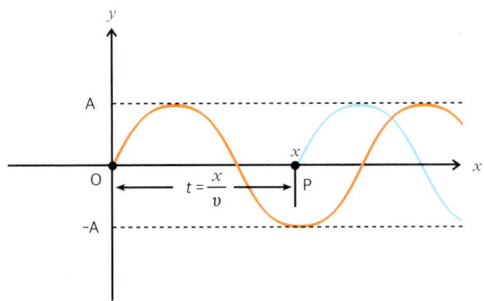

파동의 일반식

큼 앞선 시각일 때의 원점의 변위와 같으므로 파동의 식은 다음과 같이 일반식으로 나타낼 수 있어.

$$y = A\sin\omega(t-\frac{x}{v}) = A\sin(\omega t - kx)$$

$\omega = \frac{2\pi}{T}$, $v = \frac{\lambda}{T}$를 이용하면 $k = \frac{2\pi}{\lambda}$인데 이를 파수라고 해.

파동의 전파원리

17세기 후반 네덜란드의 과학자 하위헌스는 파동에 관한 매우 재미있는 생각을 발표했어. 하나의 점파원 A에서 퍼져나가는 빛은 아래 그림처럼 1차 파면을 형성하고, 1차 파면 위의 모든 점들은 2차 파면의 새로운 점파원이 된다고 생각하였지. 이를 하위헌스의 원리라고 해.

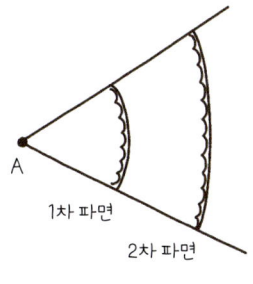

하위헌스의 원리

그림 (가)는 하위헌스의 원리를 이용하여 작은 파동들이 만든 평면파를 그린 것이야.(2차원적으로 그리면 평면은 직선이다.) 그림 (나)의 구면파를 보면 파면 AA´ 위에 있는 각 점들은 그 점들이 각각의 새로운 구면파의 파원이 되어 퍼져나가 새로운 파면을 형성하지. 그림에는 무한히 많은 작은 파면 중에 몇 개만 그려놓은 거야. 새로운 파면 BB´은 AA´로부터 무한히 많은 수의 작은 파동들이 겹쳐져서 그것들을 에워싼 매끄러운 곡선을 생각할 수 있는 거지. 파면이 퍼져나가면서 휘어진 파면은 점차 완만해져.

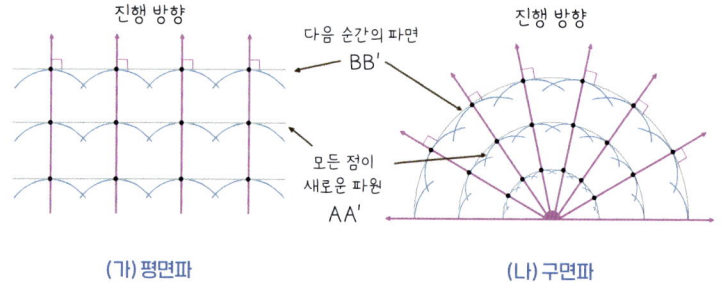

(가) 평면파　　　　(나) 구면파

- **파동의 반사** 파동이 진행하다가 장애물과 같은 매질의 경계면에 닿으면 원래 매질로 일부 또는 전부가 되돌아오는데 이것을 파동의 반사라고 해.

그림 (다)와 같이 줄의 한끝을 벽에 고정시키고 줄을 따라 펄스(한 순간의 파동)를 만들어 보내면 벽에서 반사된 파동의 모양은 처음 모양이 뒤집힌 형태가 돼. 이와 같이 반사되는 파동의 모양이 뒤바뀌는 매질의 경계면을 고정단이라 하고 이런 반사를 고정단 반사라고 하지.

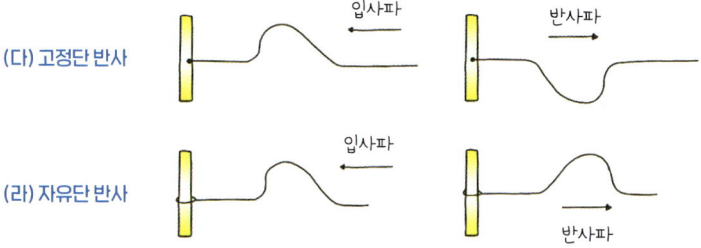

또 그림 (라)와 같이 줄의 한끝을 자유롭게 움직일 수 있는 고리에 연결하고 펄스를 전달시키면 파동의 모양이 바뀌지 않고 그대로 반사되어 나오는 것을 볼 수 있어. 이와 같이 파동의 모양이 변하지 않고 반사되는 경계면을 자유단이라 하고 이런 반사를 자유단 반사라고 해.

일반적으로 파동이 매질이 달라지는 경계로 입사하면 투과파와 반사파가 생기게 되지. 이때 투과파는 입사파와 위상이 같고, 반사파는 경계의 조건에 따라 위상이 달라져. 고정단은 경계에서 파동의 변위가 시간에 따라 변하지 않아야 하므로, 반사파의 위상은 투과파와 반대가 되어야 해. 자유단의 경우에는 경계에서 파동의 변위가 시간에 따라 달라지므로 투과파와 반사파의 변위의 합이 입사파의 변위와 같아야 해. 따라서 반사파의 위상은 입사파와 같을 수밖에 없어. 물론 이러한 원리는 그림과 같이 투과파가 거의 없는 상황에서도 적용될 수 있어.

그럼 이제 2차원에서 파동의 반사를 생각해보자.

하위헌스의 원리를 이용하면 입사하는 파면과 반사하는 파면의

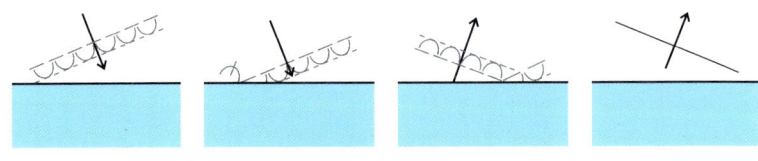

하위헌스의 원리에 따라 반사하는 파면의 모습.
먼저 입사한 파면이 먼저 반사하게 된다.

모습을 볼 수 있어. 여기서 화살표는 입사파와 반사파의 진행방향을 직선으로 나타낸 거야.

빛을 이용하면 입사 광선과 반사 광선은 그림과 같이 법선 즉, 표면에 수직인 직선에 대해 같은 각도를 이루게 되지. 법선과 입사 광선이 이루는 각도를 입사각이라고 하고, 법선과 반사 광선이 이루는 각도를 반사각이라고 해.

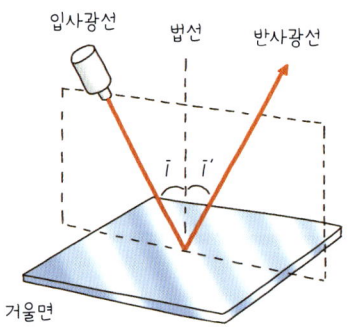

이때 입사각과 반사각은 항상 같아. 즉, 입사각(i) = 반사각(i')의 관계가 성립하는데, 이를 반사의 법칙이라고 해. 입사 광선과 법선, 반사 광선은 같은 평면에 있고 반사의 법칙은 부분 반사하거나 완전

반사하거나 모두 적용되지.

• **파동의 굴절** 장난감 자동차에서 뒷바퀴를 떼어 경사진 아스팔트 위에서도 굴려보고, 또 잔디밭에서도 굴려보면 어떻게 될까. 잔디밭에서는 풀잎과 바퀴가 엉켜서 훨씬 느리게 굴러가겠지. 바퀴를 아스팔트에서 잔디밭 쪽으로 어떤 각도로 굴리면 바퀴의 진행 방향이 바뀌는 것을 볼 수 있어.

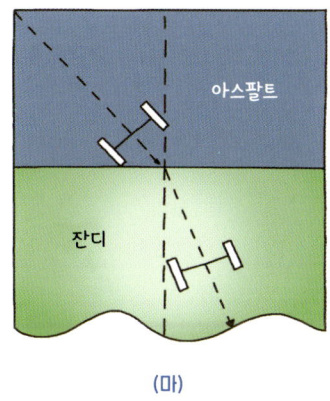

(마)

바퀴축(파면)과 바퀴의 방향(파동의 진행방향)은 그림 (마)와 같아. 잔디밭에 먼저 닿는 바퀴는 먼저 속도가 줄게 되고 다른 바퀴는 아스팔트를 달리고 있으므로 속도가 줄지 않아. 따라서 바퀴축은 회전하게 되고 법선(잔디밭과 아스팔트의 경계면에 수직으로 세워진 점선)쪽으로 휘어지지. 바퀴는 속도가 줄어든 채 잔디밭을 직선으로 굴러가게 되는 거야.

그림은 파동이 다른 매질을 만났을 때 굴절하는 모습을 하위헌스의 원리로 묘사한 거야.

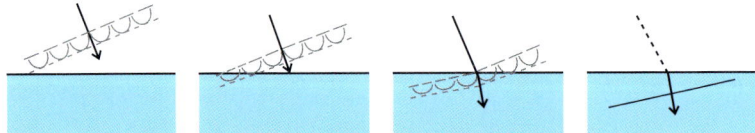

하위헌스의 원리에 따라 굴절하는 파동의 모습.
파동의 속력이 느려지면 파면 사이의 간격이 좁아진다.

이와 같이 파동의 속도가 다른 매질의 경계면에서 파동의 진행 방향이 변하게 되는데 이를 굴절이라고 해. 즉 굴절의 원인은 바로 매질에 따라 속도가 달라지기 때문이지. 이때 파동의 진동수(주기, 위상)는 변하지 않아.

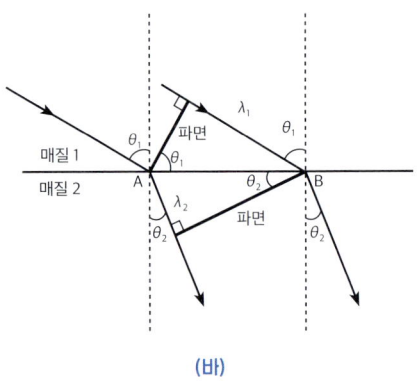

(바)

일반적으로 매질 1에서 속도 v_1인 파동이 매질 2로 굴절하여 속도 v_2가 되었다면, 매질 1에 대한 매질 2의 굴절률(n_{12})은 속도의 비로 정의하지. 따라서 수식으로 나타내면 다음과 같아.

$$n_{12} = \frac{v_1}{v_2} = \frac{f\lambda_1}{f\lambda_2} = \frac{\lambda_1}{\lambda_2}$$

굴절이 일어날 때 진동수는 변하지 않으므로 속도의 비는 파장의 비가 되는 거지. 그림 (바)는 평면파가 매질 1에서 매질 2로 θ_1의 각도로 입사해서 θ_2의 각도로 굴절되고 있는 것을 나타낸 거야.

그림 (바)의 두 삼각형에서 $\dfrac{\sin\theta_1}{\sin\theta_2} = \dfrac{\frac{\lambda_1}{\overline{AB}}}{\frac{\lambda_2}{\overline{AB}}} = \dfrac{\lambda_1}{\lambda_2}$ 임을 알 수 있어.

또 물질의 (절대)굴절률은 진공에서의 빛의 속도를 기준으로 정하는데 예를 들어 매질 1의 굴절률은 $n_1 = \dfrac{c}{v_1}$, 매질 2의 굴절률은 $n_2 = \dfrac{c}{v_2}$가 되는 거지. 여기서 c는 진공에서의 빛의 속력이야.

따라서 매질 1에 대한 2의 굴절률은 $n_{12} = \dfrac{v_1}{v_2} = \dfrac{\frac{c}{v_2}}{\frac{c}{v_1}} = \dfrac{n_2}{n_1}$ 임을 알 수 있어. 굴절률의 정의와 그림 (바)를 이용한 수식을 정리하면 다음과 같아.

$$n_{12} = \frac{v_1}{v_2} = \frac{\lambda_1}{\lambda_2} = \frac{\sin\theta_1}{\sin\theta_2} = \frac{n_2}{n_1}$$

위 식에서 $n_1\sin\theta_1 = n_2\sin\theta_2$의 관계가 성립하는데 이를 스넬의 법칙이라고 해. 빛이 굴절률이 더 큰(더욱 밀한) 매질로 입사하면 굴절각이 작아지고 빛의 속력은 느려지게 되는 거지.

 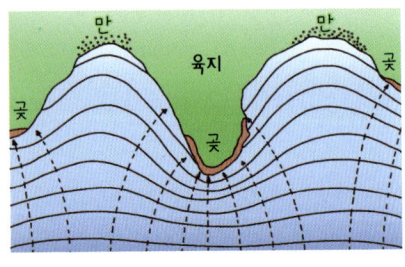

> 두 매질의 (절대)굴절률의 비를 상대굴절률이라고 한다.
> 이 값은 언제나 일정하다.

 그림은 육지 쪽으로 쑥 들어간 해안인 만과 바다 쪽으로 돌출된 육지인 곶을 향해 파도가 밀려가는 파면과 진행 방향을 나타낸 거야.
 파랑은 바람에 의해 해수면에 생기는 풍랑과 너울과 같은 파도를 말하는데, 만과 곶은 파랑의 작용에 따라 다른 지형이 형성되지.
 곶 같은 경우 만 쪽에 있는 육지(모질물이나 기타 등등)보다 더 단단하므로 파랑의 침식에 의해 만이 곶보다 안쪽으로 들어가게 되지. 파도의 속력은 바다의 깊이가 깊을수록 빠르고, 얕을수록 느려. 곶 앞쪽의 바다 깊이는 주위에 비해 얕아서 파도의 속력이 느려지게 되고 그에 따라 파도가 곶으로 집중되는 현상이 나타나게 돼.

잠시 쉬어가는 이야기

Q. 매질이 없어도 파동이 전달되나요?
A. 그때그때 달라요.

파동은 역학적 파동과 전자기파로 구분하기도 해.

역학적 파동은 물질 안의 한 점에서 발생한 교란이 이리저리 진동하는 매질 입자에 의해 전달되기 때문에 파동을 눈으로 보거나 느낄 수 있어. 대표적인 예로 용수철에 생기는 파동, 물결파, 현악기에서 줄을 따라 전달되는 파동, 공기나 다른 물질 속의 음파 등이 있지.

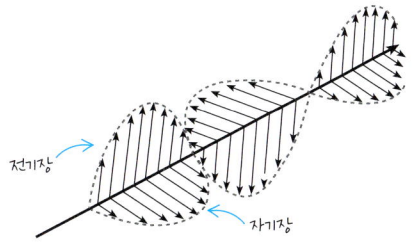

이와 같이 역학적 파동은 용수철, 물, 줄, 공기 등의 매질을 따라서만 전달되는 거야.

재미있는 예로 유리 상자 속에 자명종을 넣고 마개를 막은 후 밖으로 공기를 빼내면 자명종에서 나오는 소리가 점점 약해지다가 마침내 들리지 않게 되지. 그러나 다시 공기를 넣으면 소리가 점점 커지게 돼. 이러한 사실을 보면 소리가 공기라는 매질을 필요로 하는 역학적 파동임을 알 수 있지.

그런데 전자기파는 그림과 같이 변하는 전기장과 변하는 자기장의 교란 상태가 전달되는 거야. 이때는 어떤 종류의 매질도 필요하지 않지. 물질 속에서보다 오히려 진공에서 더 잘 전달이 돼. 전파(라디오파), 적외선, 빛(가시광선), 자외선, X선, 감마선 등이 전자기파에 속하지.

내용을 잘 이해했는지 확인해볼까?

※ 정답은 361쪽에

1 잔잔한 연못에 돌을 떨어뜨리면 연못의 표면에 원형의 물결파가 만들어진다. 퍼져나가는 물결파의 에너지는 파원으로부터의 거리와 어떤 관계가 있는지 설명하시오.

2 다음 그림은 종파를 횡파로 나타낸 것이다. 파동이 오른쪽으로 진행하고 있을 때 물음에 답하시오.

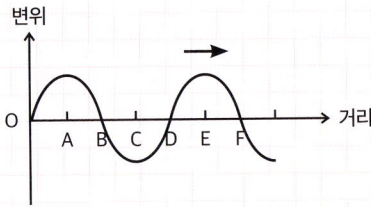

1) 가장 소한 곳은?

2) 가장 밀한 곳은?

3) 매질의 속력이 0인 곳은?

4) 매질의 속력이 왼쪽 방향으로 최대인 곳은?

5) 매질의 가속도가 오른쪽 방향으로 최대인 곳은?

3 그림과 같이 어떤 파동이 화살표 방향으로 진행하고 있다. 어느 순간 실선의 상태에 있다가 1.5초 후에 점선의 상태로 되어 마루 P는 P'의 위치까지 나아갔다. 이 파동의 진폭, 파장, 속력은 각각 얼마인가?

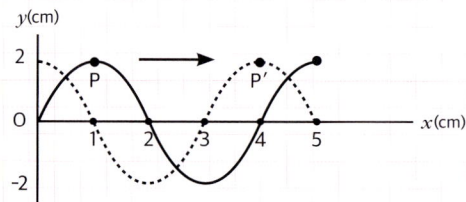

4 물결파 발생장치에서 진동수가 10Hz인 물결파를 발생시켰더니 깊은 곳에서는 파장이 2cm였고 얕은 곳에서는 파장이 1.5cm 였다. 다음 물음에 답하시오.

1) 깊은 곳에 대한 얕은 곳의 굴절률을 구하시오.

2) 깊은 곳과 얕은 곳에서 물결파의 속력은 각각 얼마인가?

조금 더 어려운 문제들도 한번 풀어볼까?

* 정답은 362쪽에

5 그림과 같이 굴절률 n, 두께 l인 평면유리판에 입사각 i로 광선이 입사하였다.

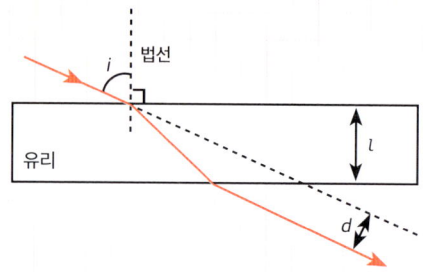

1) 유리판을 통과한 후 광선의 진로는 원래의 진행방향과 평행임을 증명하시오.

2) 유리판을 통과한 후 광선의 진로와 원래 광선 진로 사이의 편차 d는 얼마인가?

6 돌멩이를 연못에 던지면 동심원의 파동이 만들어진다. 파동은 멀리 갈수록 진폭이 작아져서 약해지고 마침내 소멸된다.

1) 이 과정을 에너지 관점에서 설명하시오.

2) 파동이 전파될 때 매질은 파동과 함께 이동하지 않고 제자리에서 진동한다. 이때 매질의 가속도와 속도가 최대인 경우 매질의 변위는 각각 어떤 값을 갖는가?

7 광학적 하루는 태양이 수평선 위에서 관측될 때의 순간과 태양이 수평선 아래로 사라지는 순간 사이의 시간 간격으로 정의되고, 기하학적 하루는 실제적으로 태양이 수평선에 나타나는 순간과 태양이 수평선에서 사라지는 순간 사이의 시간 간격으로 정의된다. 다음 물음에 답하시오.

1) 광학적 하루와 기하학적 하루 중 어느 쪽이 더 긴가? 그 이유를 설명하시오.

2) 굴절이 일어나는 원인과 굴절이 일어날 때 변하는 물리량을 설명하시오.

3) 바닷가에서 구조 요청을 하는 사람을 구하기 위해 안전요원이 모래사장에서 바다를 향해 뛰어간다. 어떤 경로로 가야만 최단시간에 구조를 할 수 있는지 스넬의 법칙을 이용하여 설명하시오.

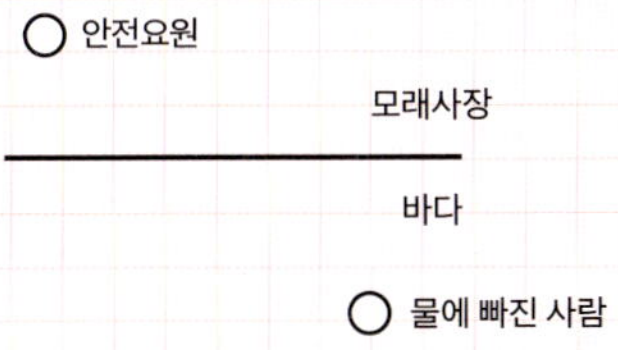

○ 안전요원

모래사장
──────────────
바다

○ 물에 빠진 사람

창의적으로 생각하고 해결하는 문제에도 도전해보자

※ 정답은 363쪽에

8 그림과 같이 반원 형태의 유리조각의 중심을 향해 백색광이 입사되고 있다. 입사광선의 입사각을 점점 크게 했을 때 나타나는 여러 현상을 알아보려고 한다.

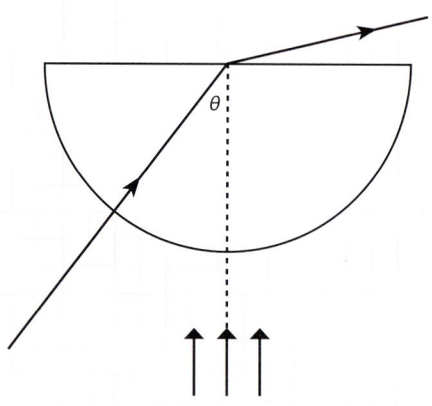

1) 굴절된 빛이 수평면에 거의 나란하게 되면 그 빛은 붉어진다. 그 이유를 서술하시오.

2) 1)에서 굴절된 빛이 수평면에 거의 나란하게 되는 순간의 백색광의 입사각을 θ라고 하자. 이번에는 반원형의 유리조각을 물 속에 넣고 백색광을 입사각 θ로 비춘다면 굴절된 백색광은 어떻게 보이겠는가?

3) 그림에서 점선과 나란한 평행광선이 볼록면을 향해 입사한다면 굴절된 광선은 어떻게 되겠는가?

파동의 간섭과 회절 교실

파동의 중첩

파동이 입자와 크게 다른 이유는 같은 공간에 동시에 여러 개가 함께 존재할 수 있다는 거야. 잔잔한 연못에 떨어지는 빗방울이 만들어내는 물결파를 관찰해 보면 각

물결파의 간섭무늬

각 만들어진 물결파가 서로 겹쳐져서 다양한 간섭무늬를 만들게 되지. 이때 파동은 하나보다 더 커지거나 없어질 수도 있어. 또한 연주회장에서 음악공연을 할 때 천장이나 벽 등에서 반사되는 소리까지 고려해야 하는데 이는 악기에서 직접 들려오는 소리와 반사되는 여러 소리들이 중첩되어 우리 귀에 들리기 때문이지. 지금부터 이러한 현상이 어떻게 일어나는지 알아보자.

파동이 서로 만나면 어떻게 될까?

파동이 같은 매질 속을 진행하다가 서로 만나서 겹쳐지는 현상을 중첩이라고 해. 중첩되어 생겨나는 합성파는 뒤에 나오는 그림 (가)와 같이 두 파동 A, B 각각의 변위의 대수합으로 만들어지는 파동과 같아. 물론 두 파동의 변위가 반대이면 중첩될 때 파동의 효과는 감소하게 되지. 파동이 중첩될 때 합성파의 변위를 식으로 나타내면 다음과 같아.

$$y = y_A + y_B$$

또한 파동이 서로 만날 때는 파동의 모양에 변화가 일어나지만, 서로 지나치고 나면 각각의 파동은 만나기 전과 같은 모양을 유지하면서 진행하게 되는데 이를 파동의 독립성이라 하지.

즉 중첩 전후에 각 파동의 고유의 성질은 변하지 않아. 이를 반대로 적용하여 복잡한 파동을 단순한 파동으로 분해할 수도 있어. 따라서 다시 이 단순한 파동들을 중첩시키면 복잡한 파동을 표현할 수 있는 거야. 이러한 원리는 그림 (나)의 신디사이저와 같은 전자악기에도 이용되지.

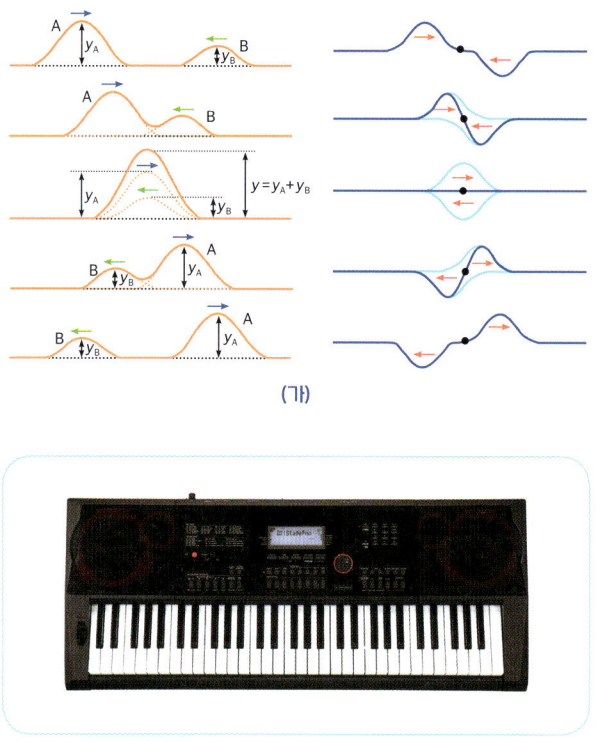

(가)

(나)

똑같은 두 파동이 만나면 어떻게 될까?

○ 똑같은 두 파동이 중첩될 때 한 파동의 마루가 다른 파동의 마루와 중첩되면 서로 파동 효과가 더해지면서 진폭이 2배가 되지. 이와 같은 현상을 '보강'되었다고 해.

그리고 한 파동의 마루가 다른 파동의 골과 중첩되면 서로 파동 효과가 사라지면서 진폭이 0이 되지. 이와 같은 현상을 '상쇄(소멸)'되었다고 해. 이처럼 똑같은 두 파동이 진행하다가 중첩되어 보강되거나 상쇄되는 현상을 간섭이라고 하지.

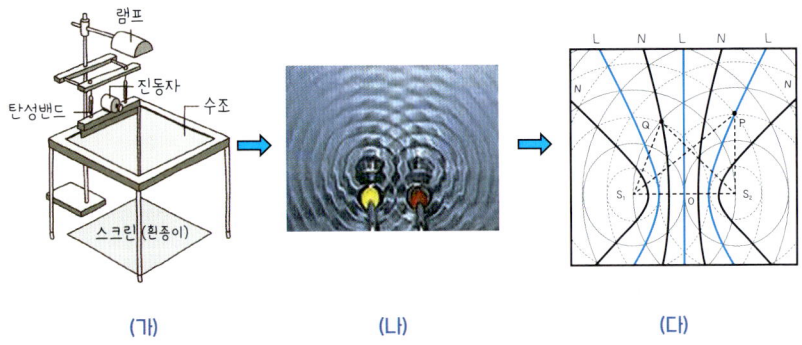

(가)　　　　　　　(나)　　　　　　　(다)

　그림 (가)와 같은 물결파 투영장치를 이용하면 간섭무늬를 가장 잘 볼 수 있어. 물결파 투영장치는 물을 담을 수 있는 4각형의 투명한 용기가 있고 위쪽에 광원을 장치하여 아래쪽 바닥에 놓여있는 흰 종이를 통해 물결파의 무늬를 보는 거야. 그림 (나)와 같이 물결통 위에 놓인 진동자에 연결된 막대에 두 개의 작은 플라스틱공을 매달아 진동시키면 위상과 진동수가 같은 두 개의 구면파를 동시에 발생시킬 수 있지. 이때 두 물결파가 중첩되는 곳에서 간섭무늬를 볼 수 있어.

　두 파원 S_1과 S_2에서 발생한 물결파의 마루를 실선, 골을 점선으로 표시하면 실선과 실선 또는 점선과 점선이 만나는 점에서는 보강간섭이 일어나고 실선과 점선이 만나는 점에서는 상쇄간섭이 일어나.

　그림 (다)의 L은 보강간섭하는 곳을 연결한 선이고, N은 상쇄간섭하는 곳을 연결한 것이야. 이 선들은 두 점으로부터 경로의 차가 같은 점들을 연결한 거야. 그런데 보강간섭하는 곳은 밝고 어두운 무늬가 깜박이는 것처럼 보이는데 이것은 한순간에 마루가 되었던 곳이 $\frac{1}{2}$주기가 지나면 골로 바뀌기 때문이야.

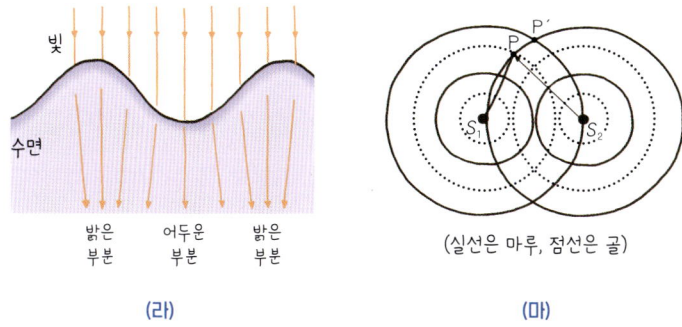

(라)　　　　　　　　(마)
(실선은 마루, 점선은 골)

그림 (라)와 같이 물결파가 렌즈 역할을 해서 밝고 어두운 무늬가 뚜렷하게 나타난 곳은 보강간섭하는 곳이고 물결이 사라져서 무늬가 없이 희미하게 나타나는 곳은 상쇄간섭하는 곳이야.

그럼 이번에는 그림 (마)의 P점과 P′점에서 어떤 간섭이 일어나는지 경로차를 분석하여 알아볼까? P점은 파원 S_1으로부터 $\frac{3}{2}\lambda$, 파원 S_2로부터 2λ 떨어져 있으므로 S_1에서 발생한 파동의 마루(골)가 통과할 때 S_2에서 발생한 파동의 골(마루)이 통과하게 되므로 두 파동은 상쇄간섭을 일으키게 되지.

이때 두 파원으로부터의 경로차는 $\frac{\lambda}{2}$인데 경로차가 $\frac{3}{2}\lambda, \frac{5}{2}\lambda, \cdots$ 인 경우에도 상쇄간섭이 일어나게 돼. P′점은 파원 S_1으로부터 2λ, 파원 S_2로부터 2λ 떨어져 있으므로 S_1에서 발생한 파동의 마루(골)가 통과할 때 S_2에서 발생한 파동의 마루(골)가 동시에 통과하게 되므로 두 파동은 더해져서 보강간섭을 일으키게 되지. 이때 두 파원으로부터의 경로차는 0인데 경로차가 $\lambda, 2\lambda, \cdots$ 인 경우에도 보강간섭이 일어나게 돼.

따라서 두 파원으로부터 경로차(거리의 차)가 반 파장($\frac{\lambda}{2}$)의 짝수 배가 되면 보강간섭이 일어나고 반 파장의 홀수배가 되면 상쇄간섭이 일어남을 알 수 있어. 즉 매질 내의 한 점의 진폭은 두 파원으로부터 경로차와 두 파원에서 발생한 위상차에 따라 정해진다고 할 수 있지.

파원들의 위상차이가 일정하게 유지될 때에만 일정한 모양의 간섭무늬를 볼 수 있어. 이와 같이 일정한 위상차를 유지하는 파원들은 서로 결맞음(가간섭성)이 있다고 말해. 예를 들면 물결파 장치에서 두 개의 플라스틱공이 물에 닿는 시간이 같으면 위상이 같고, 닿는 시간이 다르면 위상이 달라지게 되는 거지. 그 시간 차이가 주기의 절반이면 위상차가 $180°$(π)야.

(바) 결맞음

간섭조건을 일반적인 수식으로 나타내면 다음과 같아.

- 간섭조건(두 파원의 위상이 같을 때) : $m = 0, 1, 2, \cdots$

보강간섭 : 경로차 $= \overline{S_1P} \sim \overline{S_2P} = \frac{\lambda}{2}(2m)$

상쇄간섭 : 경로차 $= \overline{S_1P} \sim \overline{S_2P} = \frac{\lambda}{2}(2m+1)$

- **간섭조건(두 파원의 위상이 반대일 때)** : $m = 0, 1, 2, \cdots$

    보강간섭 : 경로차 = $S_1P \sim S_2P = \dfrac{\lambda}{2}(2m + 1)$

    상쇄간섭 : 경로차 = $S_1P \sim S_2P = \dfrac{\lambda}{2}(2m)$

회절

직선 형태의 물결파를 두 개의 막대로 만들어진 좁은 틈으로 통과시키면 물결파가 막대 뒷부분까지 퍼져서 전달되게 되는데 이러한 현상을 회절이라고 해.

다음 그림에서 볼 수 있듯이 통과하는 틈이 좁을수록 물결파의

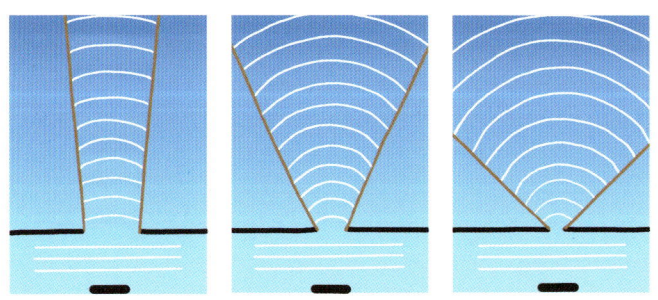

크기가 다른 틈을 통과하는 평면파

모양이 부채꼴 모양으로 퍼지는 정도가 더 심하다는 것을 알 수 있지. 즉, 틈이 좁을수록 회절이 잘 일어나게 되는 거야.

이러한 회절 현상은 물결파뿐만 아니라 빛을 포함한 모든 파동이 전파될 때 나타나는 일반적인 현상이야.

빛의 경우도 슬릿의 크기에 따라 회절하는 정도가 달라지지. 빛이 큰 슬릿을 통과할 때는 비교적 선명한 그림자가 생기는데 비해 좁은 슬릿을 지날 때는 그림자가 희미해져. 그림 (가)를 보면 슬릿이 넓을 경우 그림자가 선명하지만 면도날 크기의 틈과 같은 작은 구멍을 지날 때는 그림자가 희미해지는 것, 보이지?

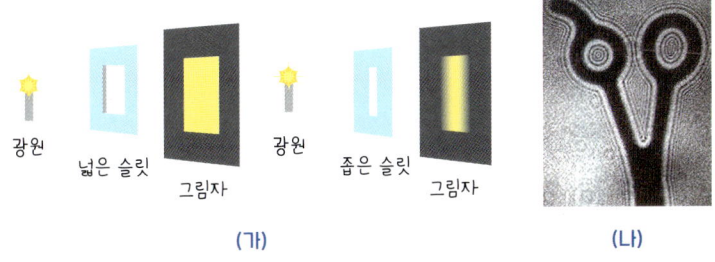

(가)   (나)

이렇게 희미하게 보이는 이유는 좁은 틈을 통과하는 물결파와 같이 빛도 부채꼴 모양으로 퍼지기 때문이야. 회절은 구멍이나 좁은 틈(슬릿)을 통해 빛이 퍼져나갈 때만 일어나는 것은 아니고 모든 그림자에서 어느 정도씩은 생겨. 그림 (나)는 레이저 광선을 비추었을 때 가위 주변에 나타난 회절 무늬야.

회절의 정도는 그림자를 만드는 장애물의 크기에 비해 파장의 크기가 어떠하냐에 달려 있어. 장애물에 비해 파장이 크면 회절은 잘 일어나지. 자동차 경적의 경우에는 낮은 진동수의 음파를 쓰는데, 그 이유는 구석구석까지 잘 들리게 하기 위해서야.

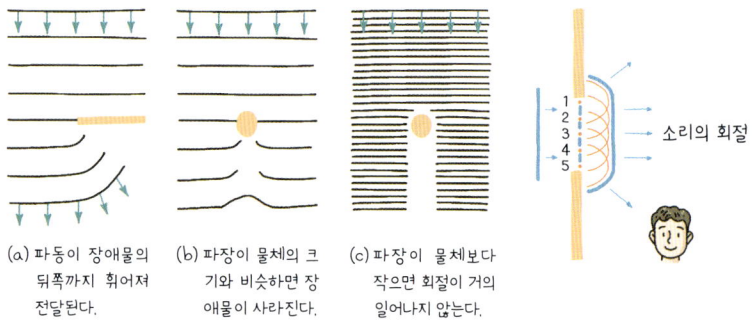

(a) 파동이 장애물의 뒤쪽까지 휘어져 전달된다.
(b) 파장이 물체의 크기와 비슷하면 장애물이 사라진다.
(c) 파장이 물체보다 작으면 회절이 거의 일어나지 않는다.
소리의 회절

표준 방송 전파는 AM 라디오파를 사용해. 라디오파는 그것들이 지나면서 만나는 대부분의 물체보다 길이가 긴 파장을 가지고 있거든.

긴 파들은 그들 앞에 있는 작은 빌딩의 방해를 받지 않기 때문에 빌딩 주위로 쉽게 퍼지지. 그래서 짧은 파들보다 훨씬 멀리까지 나아갈 수 있는 거야.

그런데 FM라디오파는 좀 짧아. 그래서 AM라디오파처럼 빌딩 사이에 잘 퍼지지 않고 협곡, 빌딩이 많은 도심, 산악지대에서는 수신이 잘 안 되지. 하지만 FM라디오가 잘 들리는 경우 잡음이 적고 소리가 원음과 같이 선명하게 들린다는 장점도 갖고 있어.

전자기파인 TV파도 FM라디오파와 상당히 비슷해.

예전에는 TV 안테나를 옥상 위에 올려놨었어. 그래야 TV가 잘 나왔었거든. 하지만 여전히 TV파는 FM라디오파와 마찬가지로 회절이 잘 되지 않아.

이와 같이 TV파와 FM라디오파는 회절이 잘 안 되고, AM라디오파는 언덕이나 빌딩에서 회절되어 멀리까지 전달돼.

복잡한 지형 등에서는 이렇게 회절 도움을 받는 경우도 많이 있지만, 현미경으로 아주 작은 물체를 보려고 할 때 회절은 별로 달갑지 않은 현상이야. 물체의 크기가 빛의 파장보다 작으면 물체의 상은 회절 때문에 흐릿해지거든. 해상도는 분해능이라고도 하고 서로 떨어진 두 점을 구별할 수 있는 능력을 뜻하지. 현미경의 경우 해상도가 높을수록 선명한 상을 볼 수 있기 때문에 해상도가 낮을 경우 배율이 아무리 높아도 이미지가 선명하게 보이지 않는 거야.

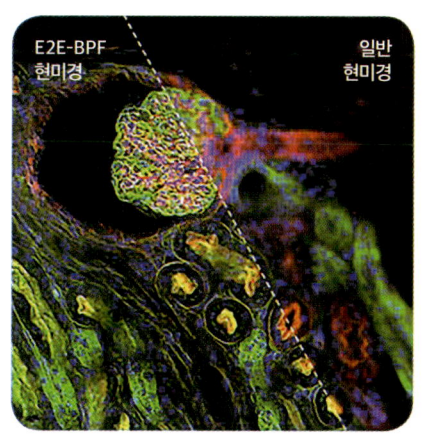

해상도가 높을수록 선명하다.
사진 제공_ 연세대 주철민 교수

물체가 빛의 파장보다 더 작다면, 형체를 구별하기도 힘들어. 상 전체가 회절 때문에 선명하지 않은 거야. 사실 현미경을 아무리 정밀하게 제작한다고 해도 근원적으로 회절을 극복할 수는 없어. 그래서 과학자들은 작은 물체에 더 짧은 파장의 빛을 사용하는 방법을 통해 이 문제를 최소화시키기 위해 애쓰고 있어.

그러던 중에 전자빔(선)이 파동성을 가진다는 사실이 알려진 거지. 이 파장(196쪽, PART 6_빛과 물질의 이중성 교실 참고)은 가시광선의 파장보다 1,000배 정도 더 짧아. 전자빔을 작은 물체에 비추어 사용하는 현미경을 전자 현미경이라고 하는데, 전자 현미경의 회절 한계는 광학 현미경의 것보다 훨씬 더 작아. 그래서 전자 현미경은 광학 현미경보다 1,000배 이상 해상도가 더 높은 거야.

잠시 쉬어가는 이야기

설거지를 하다가 만난 간섭무늬

설거지 해 본 적 있지? 컵을 씻다 보면 가끔 윗면에 비누막이 생기는 경우가 있어. 이때 적당한 위치(빛을 등진 위치)에서 비누막을 잘 살펴보면 아름다운 간섭무늬를 볼 수 있지. 이러한 무늬들은 비누막의 앞면과 뒷면에서 반사한 두 빛이 서로 간섭을 일으켜 생겨난 것이야.

이 경우 간섭무늬가 아주 선명한 것은 컵의 바닥면이 반대편에서 오는 빛을 우리 눈에 직접 도달하지 않게 막아주기 때문이지. 비누막을 투과한 빛은 막 내부에서 두 번 반사를 일으킨 후 투과한 빛과 간섭무늬를 만들게 되는데, 이 무늬들은 반사에 의해 만들어진 무늬의 반대쪽에서 나타나고 서로 보색의 무늬를 만들어. 만약 투과된 빛이 간섭무늬를 만들지 않는다면 반사된 간섭무늬는 더욱 더 선명하게 보이지.

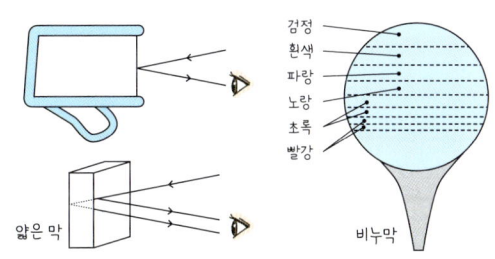

물 위에 형성된 얇은 기름막에는 투과된 빛에 의한 간섭무늬는 나타나지 않고 반사된 빛에 의한 간섭무늬만 선명하게 나타나. 그러나 여러 색깔의 간섭무늬가 규칙적으로 배열되지는 않지.

컵의 비누막에 나타난 간섭무늬는 색깔에 따라 폭이 다른 평행한 띠 모양을 이루게 되며 아래쪽으로 갈수록 무늬 간격은 좁아져. 컵을 계속 들고 있으면 물이 비누막으로부터 점차 아래쪽으로 이동하게 되는데 비누막이 아래로 흘러내리면서 맨 위쪽 막의 두께는 점점 얇아져 두께가 0이 되면서 순간 막은 '깜깜하게' 되지.

내용을 잘 이해했는지
확인해볼까?

*정답은 364쪽에

1 그림의 A, B와 같은 두 파동이 중첩될 때 합성파의 모양을 그리시오.

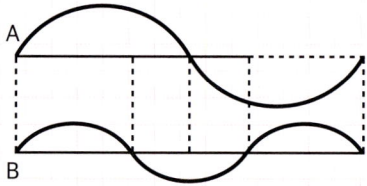

2

두 점파원 S_1, S_2에서 똑같은 물결파가 같은 위상으로 발생되고 있다. 그림에서 실선과 점선은 각각 어느 순간의 마루와 골을 나타낸다고 할 때, 다음 물음에 답하시오.

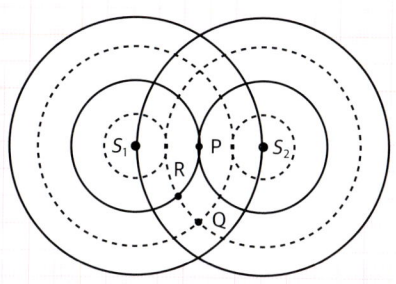

1) P, Q, R점에서 각각 어떤 간섭이 일어나는지, 또 진폭은 어떻게 되는지 서술하시오.

2) P점과 Q점의 위상차는 얼마인가?

3

그림과 같이 수면 위에 있는 두 점파원 S_1, S_2가 서로 ϕ의 위상차를 가지고 각각 파장 λ인 구면파를 발생시키고 있다. $S_1P = l_1$, $S_2P = l_2$인 수면상의 점 P에서 두 구면파가 갖는 위상차는 얼마인가?

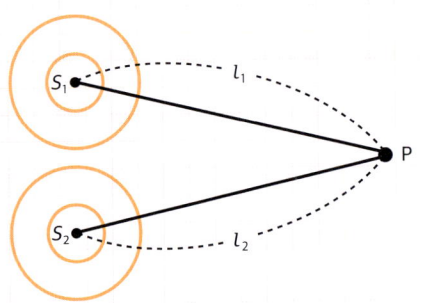

4 파동의 회절 현상과 관련 있는 두 물리량을 제시하고, 물체의 크기와 파장이 회절 현상에 어떤 영향을 미치는지 설명하시오.

조금 더 어려운 문제들도 한번 풀어볼까?

* 정답은 365쪽에

5 그림과 같이 점파원 S에서 발생한 파장 2cm의 구면파가 있다. 직진파와 장벽에서 반사한 반사파가 한 점 P에서 중첩되고 있다. 파원 S에서 장벽까지의 거리 $l_0 = 10\sqrt{5} - 15$cm, 점 P에서 장벽까지의 거리는 $l = 10\sqrt{5} + 15$cm일 때 점 P에서 어떤 간섭을 하는지 서술하시오.

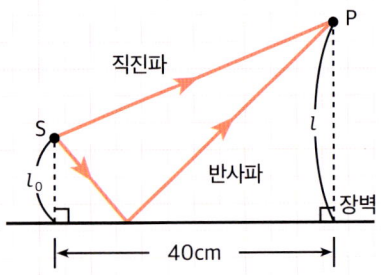

6 3m 떨어진 두 개의 소리굽쇠에서 파장이 1m인 소리가 나오고 있다. 이 두 소리굽쇠 사이에서 서로 간섭하여 소리가 약해지는 점들이 있다. 이 점들을 모두 구하시오.

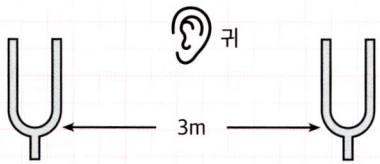

창의적으로 생각하고 해결하는 문제에도 도전해보자

＊ 정답은 365쪽에

7 그림과 같이 파원 S에서 파장 4cm인 초음파가 모든 방향으로 고르게 방출되고 있다. S에서 40cm 떨어진 곳에 장벽 Q를 세워서 직진파와 반사파가 점 P에 모두 도달하게 하였다. 초음파는 장벽에서 반사될 때 위상이 π만큼 변한다.

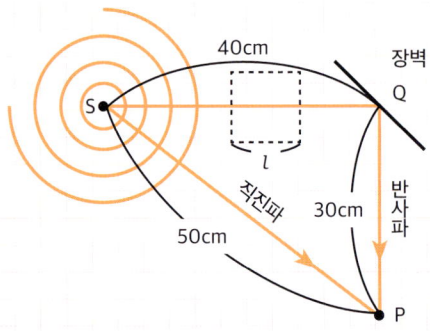

1) 직진파와 반사파가 점 P에서 일으키는 간섭의 종류는?

2) 그림의 점선 부분에 물통을 놓았을 때 점 P에서 1)과 같은 간섭 상태가 유지되었다면 물통의 최소폭 *l*은 얼마인가? (단, 물속에서의 음속은 공기 중에서보다 4.5배 빠르다.)

PART 3

중요한 소식은 땅이 먼저 알려준다

소리(음파) 교실

소리는 어떻게 들리는 걸까?

북이나 종을 치면 소리가 나는데 이것을 음원이라고 해. 일반적으로 진동하는 물체가 음원이지. 그러면 진동하는 물체에서 무엇이 전해졌길래, 소리가 들리는 것일까.

이 의문이 처음으로 해결된 것은 17세기 중엽인데, 당시에 보일은 독일의 게리케가 발명한 진공 펌프를 사용해서 공기가 소리를 전달하는 매질임을 확인했어.

물체를 진동시키면 어떤 영역에서는 공기 중의 분자들이 모여서 주변보다 압력이 높아져서 밀한 상태가 되고 또 다른 영역에서는 공기 중의 분자들이 밀려나감에 따라 주변보다 압력이 낮아져서 소한 상태가 되지. 소리(음파)는 이러한 압력차에 의해 전달되는 것이야.

공기의 압력 변화가 귀에 도달하면 고막을 진동시키게 되는데, 이

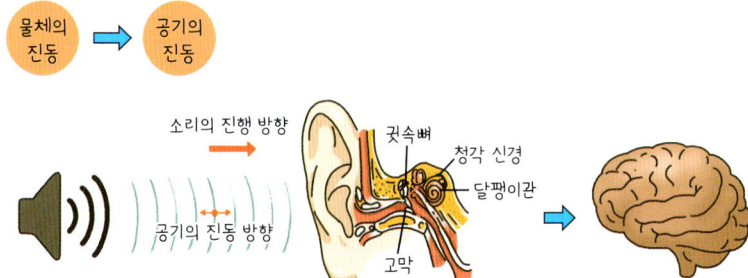

때 고막의 진동은 귀 내부의 청신경에서 전기신호로 변환되어 뇌의 청각신경에 전달이 돼. 이때 뇌가 소리를 인식하는 거지.

소리라는 것은 음원, 매질, 감각기관이 모두 관계되는 현상이야.

소리(음파)의 발생과 종류

악기가 소리를 내는 방법은 각기 달라. 피아노, 바이올린, 기타 등은 현(줄)의 진동에 의해 소리를 만들어내고 색소폰은 리드의 진동에 의해, 플루트는 입을 대고 부는 지점에서 공기 기둥의 진동에 의해 소리를 만들어내지. 그리고 우리의 목소리는 성대의 떨림에 의해 나오게 되는 것이야.

(가) 여러 가지 악기

(나) 초저주파를 사용하여 의사소통을 하는 코끼리

(다) 초음파를 사용하여 장애물을 피하는 박쥐

젊은 사람들은 보통 진동수가 20~20,000Hz인 소리를 들을 수 있어. 하지만 나이가 들면서 청력이 약해지면 특히 높은 음의 소리를 잘 듣지 못하게 된다고 해.

20Hz 이하의 소리를 초저주파라 하고 20,000Hz 이상의 소리를 초음파라고 하는데 우리는 초저주파나 초음파를 들을 수 없어. 하지만 동물에 따라서는 우리는 들을 수 없는 초저주파나 초음파를 듣고 사용하는 경우도 있어. 코끼리는 초저주파를 사용하여 의사소통을 하고, 박쥐는 초음파를 이용하여 장애물을 피해 날아다니지.

또 재미있는 얘기 하나 해줄까? 박쥐의 콧구멍에서 방출된 초음파가 나방에게 반사되어 박쥐의 귀로 되돌아오면, 박쥐와 나방의 상대적 운동에 따라 박쥐가 방출한 초음파의 진동수가 달라진다고 해. 이 차이를 이용해서 박쥐는 나방의 위치와 상대속력을 알아내고, 그렇게 알아낸 정보를 바탕으로 나방을 잡아먹는대.

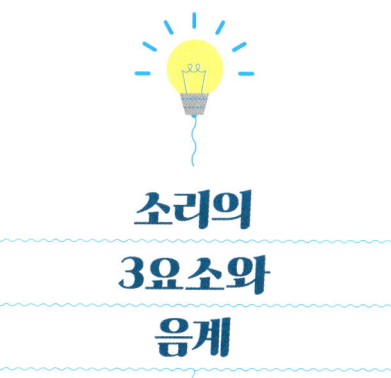

소리의 3요소와 음계

음의 높이, 음의 세기, 음의 맵시를 소리의 3요소라고 하지. 그림 (가)와 같이 음의 높이는 진동수가 클수록 높아지고, 그림 (나)와 같이 음의 세기는 진폭이 클수록 커지지. 또 그림 (다)와 같이 악기에 따른 음의 맵시는 악기의 파형에 따라 달라져.

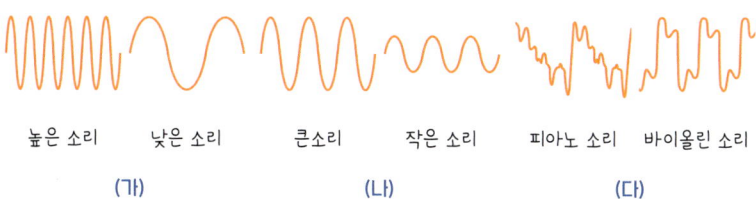

높은 소리 낮은 소리   큰소리   작은 소리   피아노 소리 바이올린 소리

(가)   (나)   (다)

악기마다 고유한 음이 있는 까닭은 악기가 내는 파형이 다르기 때문이야. 즉 음의 맵시가 다르기 때문이라는 거지.

이때, 파형이 달라지는 까닭은 악기의 재질과 구조가 다르기 때문이야.

어떤 기준음을 으뜸음으로 시작하여 한 옥타브 안에 일정한 음정으로 음을 차례로 늘어놓은 것을 음계라고 하는데 동양 음악은 5음계, 서양 음악은 7음계를 기본으로 하지.

서양의 7음계인 '도레미파솔라시'는 피타고라스가 만들었어. 피타고라스는 가장 잘 어울리는 음정이 두 음의 진동수가 가장 간단한 정수비인 1:2, 2:3, 3:4 등의 비율일 때라는 것을 발견했어. 예를 들어 재질과 장력이 같은 10cm 줄과 20cm 줄을 동시에 울리면 가장 잘 어울리는 음정이 돼. 또 20cm 줄과 30cm 줄을 동시에 울리면 두 번째로 잘 어울리는 음정이 되며, 30cm 줄과 40cm 줄을 동시에 울리면 세 번째로 가장 잘 어울리는 음정이 되는 거지.(095쪽, PART 3_정상파 참고)

오늘날 국제 표준음계는 440Hz를 표준 진동수로 하여 1옥타브를 12개의 반음으로 균일하게 나누는 평균율(12음계)을 사용해. 건반 악기는 모두 이 음계를 사용하고 있어. 따라서 평균율에서는 낮은 소리와 이보다 한 음계 높은 소리의 진동수 비는 $\sqrt[12]{2} ≒ 1.06$배가 돼.

비율(440Hz)	1	$2^{\frac{1}{12}}$ 1.059	$2^{\frac{1}{12}}$ 1.122	$2^{\frac{1}{12}}$ 1.189	$2^{\frac{1}{12}}$ 1.260	$2^{\frac{1}{12}}$ 1.335	$2^{\frac{1}{12}}$ 1.414	$2^{\frac{1}{12}}$ 1.498	$2^{\frac{1}{12}}$ 1.587	$2^{\frac{1}{12}}$ 1.681	$2^{\frac{1}{12}}$ 1.781	$2^{\frac{1}{12}}$ 1.888	2
음정	도		레		미	파		솔		라		시	도

음정의 수적 비율을 시험하는 유발과 피타고라스

출처_ wikimedia commoms

소리의 속도

우리가 듣는 대부분의 소리는 공기를 통해 전달되는 거야. 그러나 소리는 고체나 액체 속에서도 전달되지. 인디언들은 땅에다 귀를 대고 땅을 통해 전달되는 말발굽 소리를 듣곤 했어. 그러면 공기를 통해 전달되는 소리보다 먼저 들을 수 있지.

매질에 따라 소리의 속력은 달라지지만, 일반적으로 소리는 기체보다는 액체나 고체에서 더 빠르게 전달이 돼. 수치적으로 보면, 소리는 공기 중에서보다 쇠에서 15배나 빠르게 전달되고 바닷물에서는 약 4배 정도 빠르게 전달된다고 해.

공기의 온도가 높아질 때에도 음속은 빨라지는데, 그것은 따뜻한 공기 중에서 분자들이 더 빠르게 운동하므로 음파가 전달되는 데 걸리는 시간이 짧아지게 되기 때문이야. 공기 중에서 소리의 속력은 다음과 같은 식으로 나타낼 수 있어.

$$v_t = 331 + 0.6t \, (v_t : t℃에서 \ 소리의 \ 속력)$$

음속은 매우 빠른 것 같지만 빛의 속도의 백만분의 일에 불과해. 음속과 광속의 이러한 차이는 번개가 친 뒤에 천둥소리를 들을 때까지 시간이 걸리는 것을 보면 알 수 있지.

음파는 공기의 밀도에 따라 속력이 달라지기 때문에 굴절되는데 이런 현상은 고르지 않은 바람이 불거나, 온도가 다른 공기층을 통과할 때 일어나지.

예를 들면 그림 (가)와 같이 해가 떠 있는 낮이나 날씨가 무더운 날에 지면 근처의 공기는 상공의 공기보다 훨씬 따뜻하겠지. 소리의 속력은 온도가 높을수록 빨라지는데 따뜻한 지면 근처에서 상공으로 올라갈수록 기온이 낮아지므로 소리의 속력도 느려지게 되고, 이러한 속력의 차이로 인해서 굴절이 일어나게 돼. 그러니까 음파가 따뜻한 지면에서 상공으로 휘어져 올라가게 되고, 그렇게 되면 소리도

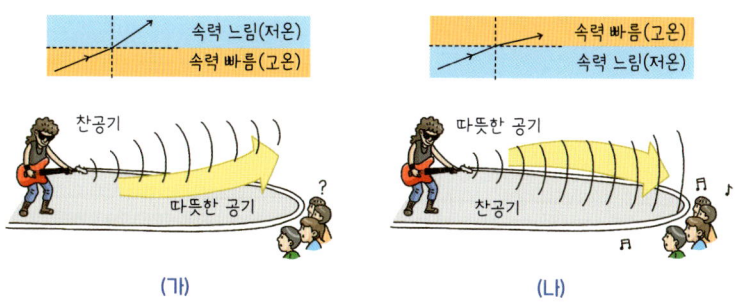

전달이 잘 되지 않겠지.

　반면에 해가 없는 밤이나 날씨가 추운 날에는 지면 근처의 공기가 상공의 공기보다 더 차가우므로 지면 근처에서는 소리의 속력이 느려져. 그림 (나)와 같이 소리가 속력이 느려지면서 지면 쪽으로 휘어져 내려오겠지. 이렇게 되면 소리는 더 멀리까지 전달이 잘 되는 거야.

　'밤에 소리가 더 먼 곳까지 전달이 된다.' 그래서 낮말은 새가 듣고 밤말은 쥐가 듣는다는 속담이 나온 건지도 모르겠네.

소리의 세기와 크기

소리의 세기는 1권에서 배운 탄성에너지를 이용하면 음파의 진폭의 제곱에 비례한다는 것을 예측할 수 있지.(1권, 358쪽_용수철 진자의 운동 해석 참고)

소리의 세기는 객관적인 기준으로 측정된 에너지값이므로 오실로스코프나 소음측정기를 이용하면 측정이 가능해. 단위 시간 동안 방출하는 소리 에너지가 P일 때 공간상의 거리 r인 지점에서 구의 표면적이 $4\pi r^2$이므로 단위면적당 소리의 세기는 $I = \frac{P}{4\pi r^2}$이지.

반면에 소리의 크기는 뇌에서 느끼는 생리적인 감각이기 때문에 사람마다 다르게 느낄 수 있어. 사람은 모깃소리에서부터 모깃소리의 약 10만 배나 되는 기차가 지나가는 소리 등 상당히 넓은 범위의 음을 감지할 수 있어.

사람의 청각은 소리의 세기가 10배가 될 때 그 크기를 2배로 감지하는 경향이 있지. 이러한 경향을 바탕으로 음의 크기의 단위를 데시벨(dB) 단위로 정했어. 사람이 들을 수 있는 한계인 소리의 세기 ($10^{-12} W/m^2$)를 0dB로 정한 거야.

데시벨은 데시와 벨의 합성어인데, 데시는 국제단위계에서 10^{-1}을 나타내는 접두어이고 벨은 전화기를 발명한 벨의 이름을 딴 것이야. 소리가 10배 커지면 10dB, 100배 커지면 20dB, 1,000배 커지면 30dB,… 이런 식으로 10배 차이로 10dB씩 차이가 나기 때문에 데시벨이라는 단위를 정하게 된 것이지. (지금은 어렵겠지만 참고로 알아둬.

$$dB \equiv 10\log_{10}\frac{I}{I_0}$$

절대적 세기	데시벨(dB)
I_0	0
$10I_0$	10
$100I_0$	20
$1,000I_0$	30

($I_0 = 10^{-12} W/m^2$)

음원	크기(dB)
제트엔진(0m 떨어진 곳)	140
고통의 한계	120
큰 소리의 록음악	115
지하철	100
공장 소음	90
교통이 복잡한 도로	70
일상적인 대화	60
도서관	40
근거리에서의 속삭임	20
보통의 숨소리	10
들을 수 있는 한계	0

데시벨은 로그함수(log)를 사용하여 계산한다는 것을 고등학교에 가면 배우게 될 거야.)

　인간이 들을 수 있는 가장 작은 소리와 고통을 느끼는 한계점인 소리의 차이는 무려 10^{12}배나 되지.

　음의 절대적 세기와 몇 가지 음원의 크기를 보여주는 표를 보면서 한번 잘 비교해봐. 그리고 지금 너희들이 있는 장소의 데시벨은 어느 정도 될지 한번 생각해봐.

공명(Resonance)

쇠막대와 야구 방망이를 바닥에 떨어뜨려 보면 분명히 다른 소리가 나는 것을 알 수 있어. 이는 두 물체가 바닥에 부딪쳤을 때 각각 다른 진동을 하기 때문이지.

탄성체를 진동시킨 경우에 탄성체는 자신의 고유한 진동수로 떨게 되는데, 이 때문에 모든 탄성체는 자기만의 독특한 소리를 내게 되는 거야. 탄성이 있는 물체가 진동하는 경우 그 진동 모양을 고유진동이라고 하고, 그때의 진동수를 고유진동수라고 하지. 고유진동수는 물체의 모양과 탄성 등의 고유한 성질에 의해 결정돼.

공명(공진)이란 강제로 진동시킨 어떤 물체의 진동수(주파수)가 그 물체의 고유진동수와 같을 때 진폭이 엄청나게 커지게 현상이야. 악기는 공명을 활용하는 대표적인 사례이지.

 기타는 현의 진동이 공명판 통으로 전달되어 고르고 강한 음을 만들어. 피아노는 건반을 누르면 해머가 현을 치게 되는데, 이때 발생하는 진동이 공명판으로 전달되는 거고.

 조금 다른 이야기이긴 하지만, 그네를 밀어줄 때는 미는 힘도 중요하지만 그네의 진동주기에도 잘 맞추어야 해. 무조건 세게 밀기만 한다고 되는 것이 아니지. 그네의 고유진동수에 맞춰 힘을 가하면 그네의 진폭이 커져서 신나게 그네를 탈 수 있는데, 이것도 일종의 공명현상이야.

> 공명현상은 진동체가 가지고 있는 고유진동수와 같은 진동을 외부에서 가했을 때 진동이 매우 커지는 현상이다.

소리의 간섭

음파도 다른 파동과 마찬가지로 간섭을 일으킬 수 있어. 파동의 간섭에 대해 설명할 수 있겠어? 마루와 마루 또는 골과 골이 만나면 보강간섭을 일으켜서 진폭이 두 배로 되고, 또 마루와 골이 만나면 상쇄간섭을 일으켜 진폭이 0으로 된다고 했지.(055쪽, PART 2_똑같은 두 파동이 만나면 어떻게 될까? 참고) 간섭은 횡파나 종파에 관계없이 일어나는 거야.

간섭은 소리의 크기에 영향을 주게 되어 있어.

만약 두 개의 스피커로부터 같은 거리에 있고 두 스피커는 같은 진동수의 동일한 음파를 발생시키고 있다면, 두 음파가 더해져서 그림 (가)와 같이 큰 소리를 듣게 될 거야. 이는 각 음파의 밀한 부분과 소한 부분이 같은 위상으로 듣는 사람에게 도달하기 때문이지.

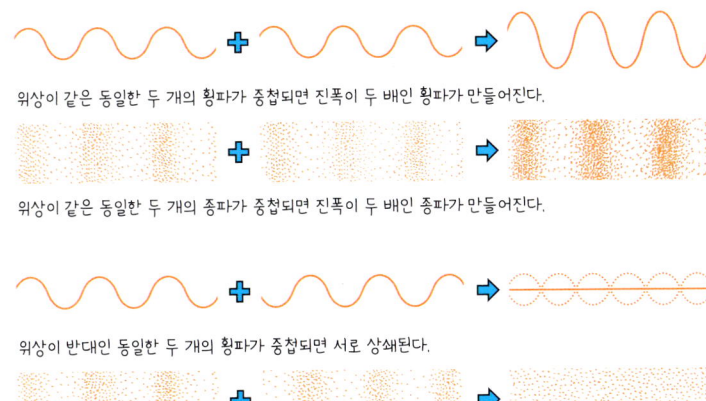

(가) 위상이 같은 동일한 두 개의 횡파가 중첩되면 진폭이 두 배인 횡파가 만들어진다.

위상이 같은 동일한 두 개의 종파가 중첩되면 진폭이 두 배인 종파가 만들어진다.

(나) 위상이 반대인 동일한 두 개의 횡파가 중첩되면 서로 상쇄된다.

위상이 반대인 동일한 두 개의 종파가 중첩되면 서로 상쇄된다.

두 스피커의 거리 차이가 반 파장되는 곳으로 약간 이동하면, 그림 (나)와 같이 한 스피커의 밀한 부분이 도달할 때 다른 스피커로부터는 소한 부분이 도달하게 되어 상쇄간섭을 하게 돼. 하지만 스피커에서 여러 종류의 주파수를 가진 음파를 방출한다면 모두가 상쇄간섭을 일으키는 것은 아니야.

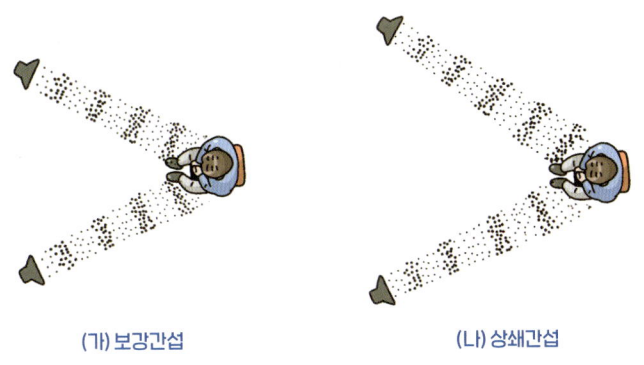

(가) 보강간섭   (나) 상쇄간섭

보통 극장에서 음파의 상쇄간섭은 문제가 되지 않아. 왜냐하면 많은 양의 반사음이 상쇄간섭된 부분을 채워주기 때문이지. 그럼에도 불구하고 잘못 설계된 극장이나 체육관에는 '난청 지역'이 존재해. 이것은 벽에서 반사되어 나온 음파가 직접 도달하는 음파와 간섭을 일으켜서 음파의 진폭을 작게 만들기 때문이야. 난청 지역에서는 머리를 몇 cm만 움직여 보아도 소리의 크기가 달라지는 것을 확연하게 느낄 수 있어.

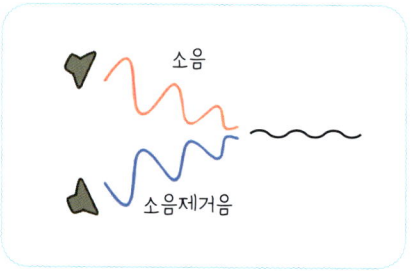

상쇄간섭을 이용한 소음방지

마이크로폰을 이용한 소음 제거

정상파
(standing waves)

정상파는 퉁기거나 활로 켜는 현악기의 줄에서 만들어져. 또 콜라병의 주둥이를 입에 대고 불 때나 파이프 오르간을 연주할 때, 병과 파이프 속에서도 만들어지지.

정상파는 횡파의 형태로도 생기고, 종파의 형태로도 생겨. 정상파는 똑같은(같은 진동수, 파장, 속도, 진폭) 두 파동이 서로 반대 방향으로 진행하다가 중첩되어 배와 마디가 나타나는 현상이야. 우리 눈에 파동이 제자리에서 진동하는 것처럼 보이기 때문에 정상파라는 이름으로 부르게 된 거지.

정상파에서 매질의 각 점은 진폭이 서로 다른데 진폭이 최대가 되는 점을 배, 진동하지 않는 점을 마디라고 불러. 원래 파동을 생각해보면 정상파의 배와 배, 마디와 마디 사이의 거리는 반 파장이 돼.

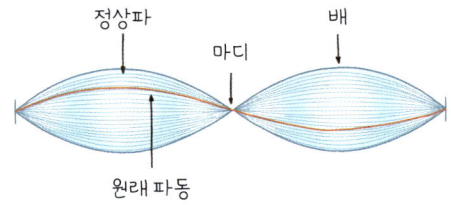

줄의 한끝을 벽에 고정시키고 다른 한끝을 위아래로 흔들어주면서 줄에 파동을 만들어보자. 벽은 흔들리지 않기 때문에 진행하던 파동은 벽에서 반사되어 줄을 따라 되돌아오게 돼. 이때 다시 적절하게 줄을 흔들어주면 입사파(방금 만들어진 파동)와 반사파(벽에서 반사된 파동)가 중첩되어 정상파가 만들어지는 거야.

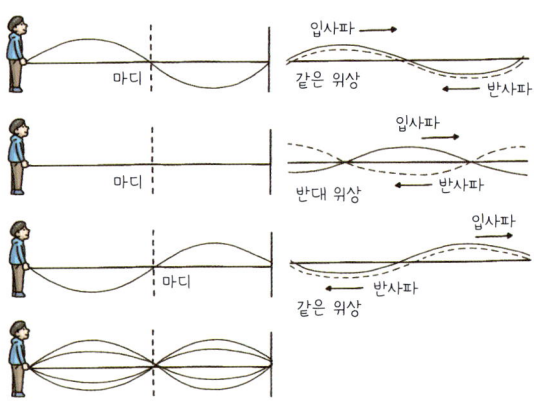

그림은 $\frac{1}{4}$ 주기마다 정상파의 모양을 보여주고 있어. 정상파의 경우 마디라 불리는 줄의 특정한 부분은 정지해 있게 돼. 그래서 줄의 마디 부분에 손가락을 갖다 대면 줄의 진동을 느끼지 못하지. 하지

만 다른 부분에 손을 대면 곧바로 줄의 진동을 느낄 수 있어.

정상파는 간섭에 의해 생기는 거야. 마디 부분은 두 파동의 위상이 서로 반대가 되어 항상 상쇄간섭이 일어나는 곳이지. 진동수를 다르게 하면서 줄을 흔들면 다양한 정상파를 만들 수 있어.

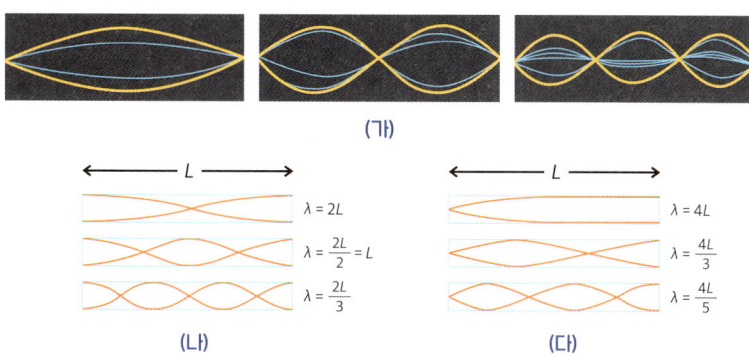

가장 간단한 정상파는 그림에서 한 구간(마디와 마디 사이 또는 배와 배)으로 이루어진 것이야. 입사파와 반사파가 만드는 정상파에서 그림 (가)의 현의 진동과 같은 고정단에서는 위상이 서로 반대이므로 양 끝에 마디가, 그림 (나)의 개관과 같은 자유단에서는 위상이 서로 같으므로 양 끝에 배가 나타나게 되지. 하지만 그림 (다)의 폐관의 경우 한 끝은 자유단이고 다른 끝은 고정단이므로 배와 마디가 나타나게 되는 거야.

현의 진동에서 첫 번째 그림의 진동을 기본 진동, 그 다음은 2배 진동, 그 다음은 3배 진동, … 이라 하지. 현의 길이가 L인 진동에서 마디와 마디 사이의 거리가 반 파장이니까 다음과 같아.

기본 진동의 경우 $\frac{\lambda_1}{2} = L$이므로 $\lambda_1 = 2L$(기본음)

2배 진동의 경우 $\frac{\lambda_2}{2} \cdot 2 = L$이므로 $\lambda_2 = L$(2배음)

3배 진동의 경우 $\frac{\lambda_3}{2} \cdot 3 = L$이므로 $\lambda_3 = \frac{2L}{3}$(3배음)

…

따라서 정상파가 가질 수 있는 파장은 연속적이지 않고 불연속적이야. 파장을 일반적인 수식으로 나타내면 다음과 같아.

(가) 현의 진동 $\lambda_n = \frac{2L}{n}$ ($n = 1, 2, 3, \cdots$)

(나) 개관의 진동 $\lambda_n = \frac{2L}{n}$ ($n = 1, 2, 3, \cdots$)

(다) 폐관의 진동 $\lambda_n = \frac{4L}{(2n-1)}$ ($n = 1, 2, 3, \cdots$)

그림 (가), (나), (다)에서 현이나 관의 길이가 길어지면 음파의 파장이 길어지고 소리의 속력($v = f\lambda$)은 일정하므로 진동수는 작아져. 즉, 현이 길어지거나 관이 길어지면 낮은 음이 발생하게 되고 반대로 현이 짧아지거나 관이 짧아지면 진동수가 커지므로 높은 음이 발생하는 거지. 그림 (나)와 (다)의 파동 모양은 관에서 발생하는 소리인 종파를 횡파의 모양으로 나타낸 거야.

헬름홀츠는 그림과 같은 공명기를 고안하여 성공적으로 배음의 실체를 찾아낼 수 있었어. 진동수가 알려진 여러 개의 소리굽쇠를 음원으로 사용하여 공명기의 공명을 일으키는 고유 진동수를 알아낼 수 있었던 거야. 공명기의 주둥이를 귀 안에 위치시켜 복잡한 소리의 특정한 주파수를 골라 명확하게 들을 수 있게 되었지.

헬름홀츠 공명기
출처_wikimedia commons(Max Kohl)

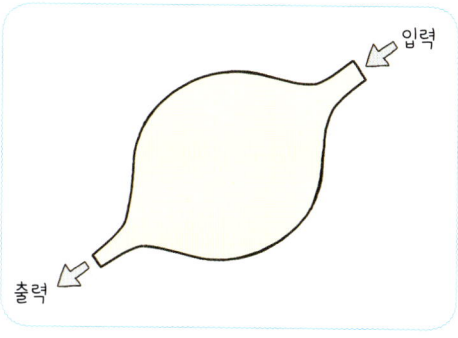

헬름홀츠 공명기의 구조

맥놀이

1711년에 영국의 연주자인 존 쇼어는 U자 모양의 금속에 손잡이를 붙여 한 가지 음높이를 내는 소리굽쇠를 발명했어. 악기를 연주할 때 기준음이 필요했기 때문이야. 하지만 소리굽쇠의 정확한 진동수를 알 수 없었기에, 연주자들마다 기준음이 조금씩 차이가 나는 문제가 있었다고 해.

1834년에 독일의 음향학자인 요한 샤이블러가 맥놀이를 이용하여 이러한 문제를 해결하였고 피아노, 바이올린은 물론 음향장비 등에서 기본음 A의 진동수를 440Hz로 제안했어. A440은 슈투트가르트 음높이로 불리는데, 유럽 여러 나라가 악기를 조율할 때 이를 널리 사용하게 되었어.

맥놀이는 하나의 소리굽쇠를 두드리면 이웃하는 소리굽쇠가 따라서 진동하는 공명현상이 일어나고 음높이가 조금 다른 소리굽쇠를 동시에 진동시키면 두 음이 중첩되면서 음의 세기가 주기적으로 변하는 현상을 말하는 것이야.

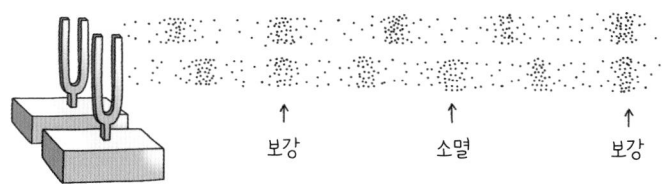

그림과 같이 진동수가 약간 다른 두 음파가 동시에 발생하는 경우, 합쳐진 소리의 세기가 반복적으로 커졌다 작아졌다 하는 변화가 생기는데 이렇게 소리의 세기가 주기적으로 변하게 되는 현상을 맥놀이라고 해. 밀한 부분의 두 소리가 합성될 때 우리 귀는 가장 큰 소리를 듣게 되고 두 소리의 위상이 반대가 되면 가장 작은 소리를 들을 수 있어. 따라서 우리는 맥놀이 때문에 떨리는 듯한 트레몰로 효과를 듣게 되는 거야.

오실로스코프를 이용하면 맥놀이 현상을 시각적으로 관찰할 수 있어. 진동수가 약간 다른 소리들을 오실로스코프에 입력시켜 주면 각각의 소리와 합성된 소리가 그림과 같이 나타나게 되지. 각 음파의 진폭이 같더라도 두 음파의 간섭에 의해 합성파의 진폭이 변하고 있음을 알 수 있어.

그림에서 두 음파는 매초 두 번의 위상이 같아지게 되어 2Hz의 맥놀이를 생기게 하는 거야. 편의상 10Hz와 12Hz의 음파는 초저주파이므로 두 음파뿐만 아니라 두 음파 사이에 생기는 맥놀이조차도 들을 수 없어. 우리는 20Hz 이상의 주파수를 가진 음파들을 선택해야만 맥놀이를 들을 수 있어.

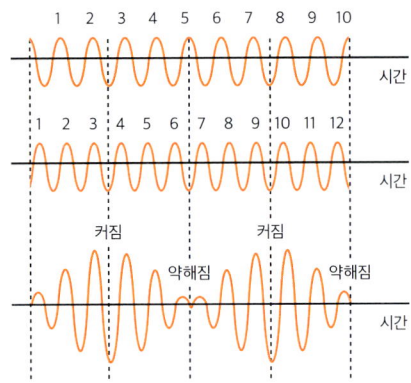

맥놀이는 어떤 파동에서도 생길 수 있기 때문에 진동수를 비교하는 수단이 되고 있지. 조율사는 피아노를 조율할 때 표준 소리굽쇠와 측정한 음 사이의 맥놀이를 들어보며 음을 맞추지. 오케스트라의 단원들은 그들의 악기와 오보에와 같은 다른 악기 사이에서 발생하는 맥놀이를 통해 조율한다고 해.

도플러 효과

　뒷 장에 나오는 그림 (가), (나)와 같이 고요한 연못 한가운데에 정지해 있는 벌레가 다리를 위아래로 움직이고 있다고 생각해 보자. 벌레는 어느 곳으로도 이동하지 않고 제자리에서 단지 다리만을 움직이고 있어. 그러면 다리의 움직임으로 인해 물결파가 만들어지고 이때 마루들은 동심원을 이루게 되지. 동심원을 이루게 되는 것은 파동의 속력이 모든 방향으로 같기 때문이야.

　벌레가 일정한 진동수로 다리를 움직이고 있다면 마루와 마루 사이의 거리(파장)는 일정하겠지. 또 A점을 통과하는 마루(파)의 수는 B점을 지나는 마루의 수와 같게 돼. 이것은 파동의 진동수가 A점이나 B점 또는 벌레 주위의 어느 곳에서나 똑같이 측정된다는 것을 의미하지. 즉 파동의 진동수와 다리가 움직이는 진동수는 같아.

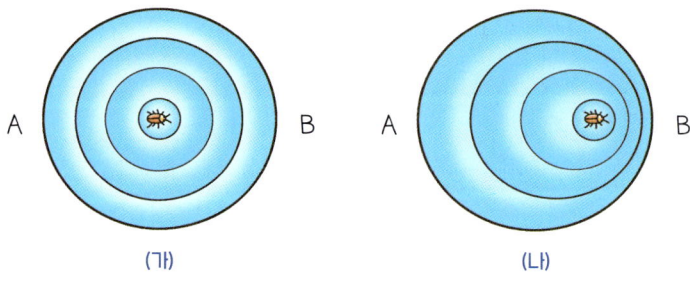

(가)　　　　　　　(나)

　이번에는 벌레가 파동의 속력보다는 느리지만 물 위를 일정한 속력으로 이동한다고 해보자. 그렇게 되면 벌레는 자신이 발생시킨 마루를 따라가게 되지. 이때 파동의 모양은 동심원이 아니야. 가장 바깥쪽 원은 벌레가 그 원의 중심에 있었을 때 만들어졌어. 이 원보다 조금 작은 원도 벌레가 그 원의 중심에 있었을 때 만들어진 것이야. 다른 원들도 마찬가지지. 그런데 원들의 중심은 벌레가 헤엄쳐가는 방향으로 이동하고 있어.

　벌레는 똑같은 진동수를 유지하고 있지만 B점에 있는 관찰자는 더 자주 마루를 만나게 되지. 즉 B점의 관찰자는 높은 진동수를 느끼게 될 거야. 이것은 일련의 마루들이 벌레가 B쪽으로 이동하기 전보다 더 짧은 거리를 진행하기 때문이지.

　반면에 A점에 있는 관찰자는 벌레가 B쪽으로 이동하기 때문에 일련의 마루들이 더 먼 거리를 진행하게 되어 낮은 진동수를 느끼게 돼. 이처럼 파원(또는 관찰자)의 이동 때문에 생기는 진동수의 변화를 도플러 효과(오스트리아의 과학자 크리스티안 도플러의 이름에서 따옴)라고 해. 파원(또는 관찰자)의 속력이 클수록 도플러 효과는 더욱 커지게 돼.

도플러 효과를 수식으로 증명하기

진동수 f인 소리를 내는 음원이 있고 소리의 속도를 V라 하자. 옆에 보이는 그림 (가)와 같이 관찰자가 v의 속도로 운동하면서 음원(벌레)을 향해 다가가는 경우, 소리의 파장은 변함이 없고 소리의 속도가 빨라지는 효과를 가져오게 돼. 따라서 $V' = V + v$이고 $V' = f'\lambda$이므로 관찰자가 듣는 소리의 진동수는 $f' = \frac{V+v}{V}f$가 되지.

이번에는 그림 (나)와 같이 음원(벌레)이 v의 속도로 운동하면서 관찰자를 향해 다가오는 경우, 음원에서 발생한 소리가 관찰자에게 t초만에 도달했다면 새로운 음원의 위치와 관찰자 사이의 거리는 $Vt - vt$야. 진동수가 f이면 음원은 매초 당 f개의 파를 만들어내므로 새로운 음원의 위치와 관찰자 사이에는 ft개의 파가 존재하지. 따라서 새로운 파장 $\lambda' = \frac{Vt - vt}{ft} = \frac{V - v}{f}$이므로 관찰자가 듣는 소리의 진동수는 $V = f'\lambda'$에서 $f' = \frac{V}{V - v}f$가 돼.

도플러 효과는 다음과 같은 일반식으로 나타낼 수 있어.

- 음원과 관찰자가 v의 속도로 동시에 다가오는 경우: $f' = \frac{V+v}{V-v}f$
- 음원과 관찰자가 v의 속도로 동시에 멀어지는 경우: $f' = \frac{V-v}{V+v}f$

소방차가 사이렌 소리를 내면서 우리 옆을 지나갈 때, 그 사이렌 소리의 변화를 뚜렷하게 느낄 수 있는 것은 도플러 효과 때문이야. 소방차가 우리를 향해 다가올 때는 정지해 있을 때보다 더 높은 음의 사이렌 소리를 듣게 되고 반대로 소방차가 우리를 지나 멀어져갈 때는 더 낮은 음의 소리를 듣게 되지.

도플러 효과는 빛의 경우에도 나타나. 광원이 접근해 오면 관측되는 진동수가 커지고, 멀어지면 관측되는 진동수가 작아지게 돼. 이때 진동수가 커지는 것을 청색 이동(편이)이라 하는데, 이것은 빛의 스펙트럼이 진동수가 큰(파장이 짧은) 청색쪽으로 나타나기 때문이야. 또 진동수가 작아지는 것을 적색 이동(편이)이라 하는데, 이것은 빛의 스펙트럼이 진동수가 작은(파장이 긴) 적색쪽으로 나타나기 때문이지. 예를 들어 멀리 있는 은하들의 스펙트럼이 적색 이동을 일으키는 경우가 있는데, 그때 천문학자들은 적색 이동을 이용하여 은하들의 후퇴속도를 계산하게 되지.

정상 스펙트럼

적색 편이 스펙트럼

청색 편이 스펙트럼

충격파
(shock wave)

○ 오른쪽에 있는 그림은 파원의 속력(v_s)에 따라 달라지는 파의 형태를 나타낸 거야. 파원의 속력이 파동의 속력(v)보다 큰 경우 그 차이가 크면 클수록 V자형의 모양은 더 좁아지게 되지.

원뿔 모양의 각도 θ를 수식으로 나타내면 다음과 같아.

$$\sin\theta = \frac{v}{v_s}$$

초음속 비행기는 3차원 형태의 충격파를 만드는데, 구형 파면이 여러 개가 겹쳐지면서 원추형의 압축공기가 지상으로 전달되어 날카롭게 찢어지는 듯한 소리가 나는 거야. 이것을 '소닉 붐'이라고 하

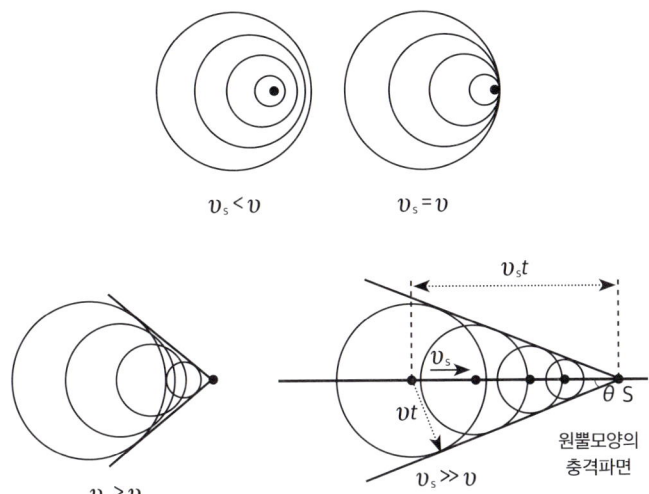

는데 소리를 내는 물체에 의해서만 만들어지는 것이 아니고, 그저 물체가 음속보다 빨리 운동하기만 해도 충격파가 만들어져.

사자를 길들이는 사람이 채찍을 휘두를 때 나는 '쩍'하는 소리도 채찍이 음속보다 빠르게 움직여 작은 소닉 붐을 만드는 거야. 수건이나 막대를 빠른 속도로 움직일 때 나는 소리도 마찬가지야.

초음속 비행기

내용을 잘 이해했는지 확인해볼까?

※ 정답은 366쪽에

1 고정단을 향하여 그림과 같은 펄스가 진행해 갈 때, 반사되어 나오는 펄스를 그리시오.

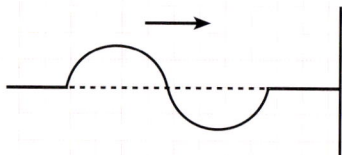

2 일정한 진동수의 기적을 울리면서 달리는 기차가 있다. 철로변에 서 있는 사람에게 기적의 진동수는 기차가 접근할 때와 멀어질 때 각각 340Hz, 238Hz로 관측되었다면 기차의 속력과 기적의 원래 진동수는 각각 얼마인가? (단, 소리의 속도는 340m/s이다.)

3 그림의 X와 Y는 어떤 관악기와 현악기의 기본 진동으로 만들어진 정상파를 나타낸 것이다. 관악기와 현악기는 각각 관 속 공기와 줄을 진동시켜 소리를 내며 X와 Y에서 발생한 소리의 음높이는 같다. 관악기와 현악기 X, Y에서 발생하는 소리의 파장과 진동수를 비교하여 서술하시오. (단, 줄과 관의 길이는 같다.)

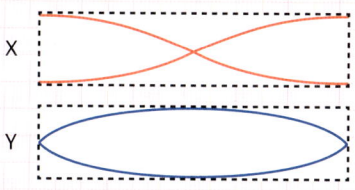

4 '낮말은 새가 듣고 밤말은 쥐가 듣는다.'는 속담이 있다. 일반적으로 소리의 속도는 공기의 온도가 높을수록 빨라지는데 공기의 온도에 따라 소리의 진행경로는 변하게 된다. 이를 이용하여 밤말은 쥐가 듣게 되는 원리를 설명하시오.

5 그림은 a, b점이 최대 변위의 위치에 있는 순간의 정상파를 나타낸 것이다. 이 순간에서 $\frac{1}{4}$주기 후의 정상파의 모습을 그리시오.

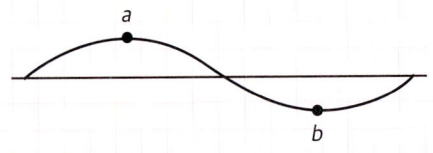

6 그림은 전투기가 초음속으로 비행하고 있을 때 충격파가 퍼져나가는 모습을 나타낸 것이다. 전투기의 속력은 음속의 몇 배인가?

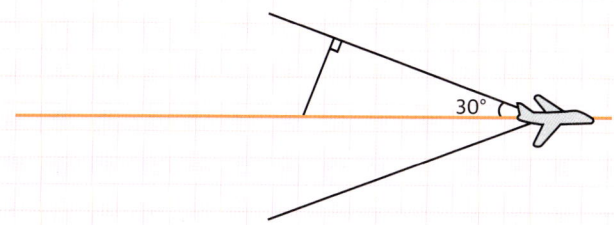

> 조금 더 어려운 문제들도
> 한번 풀어볼까?

* 정답은 367쪽에

7 그림과 같이 기체와 액체가 접하고 있다. 기체에서의 음속을 v_g, 액체에서의 음속을 v_l이라 할 때 $v_l = 4v_g$이다. 기체 내에서 음원 S가 $\frac{v_g}{10}$의 속도로 아래로 움직이고 있을 때 액체 내의 Q점에서 관찰되는 진동수는 원래의 몇 배가 되겠는가?

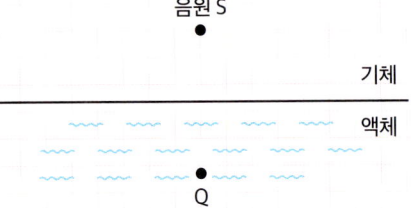

8 그림과 같이 y축 위에 10cm 간격으로 동일한 위상의 파장 4cm인 두 초음파 발생장치 S_1, S_2가 놓여 있다. S_1, S_2에서 멀리 떨어진 원둘레 l 위에서 초음파 탐지 장치 P를 이동시킬 때 탐지 장치 P가 y축의 오른쪽에서 반 바퀴 이동하는 동안 초음파의 세기가 강해지는 곳은 몇 군데인가?

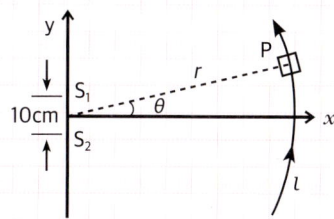

9 그림은 피아노 건반의 일부를 모식적으로 나타낸 것이다. 피아노에서 소리가 나는 것은 건반을 누를 때 건반에 연결된 피아노 내부의 나무망치가 쇠줄을 치기 때문이다. 같은 크기의 힘으로 A, B 건반을 누를 때 듣게 되는 소리의 파장과 진동수를 비교하여 서술하시오. 또 두 건반에 연결된 쇠줄의 길이와 파장도 비교하시오. (단, 쇠줄에서는 기본 진동으로 소리가 난다고 가정한다.)

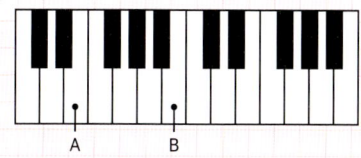

창의적으로 생각하고 해결하는 문제에도 도전해보자

* 정답은 368쪽에

10 그림과 같이 기준음의 진동수로 진동하는 소리굽쇠 1이 있다. 소리굽쇠 1과 소리굽쇠 2를 동시에 진동시켰더니 4Hz의 맥놀이가 발생하였고, 2와 3을 동시에 진동시켰더니 역시 4Hz의 맥놀이가 발생하였다. 이와 같이 이웃하는 소리굽쇠를 진동시키면 4Hz의 맥놀이가 발생하는 소리굽쇠가 n개 있을 때 소리굽쇠 56의 음이 소리굽쇠 1보다 한 옥타브 낮았다면 기준음의 진동수는 얼마인가?

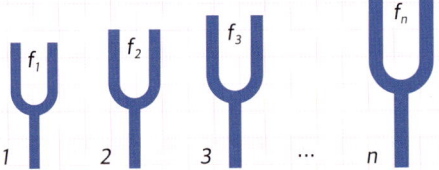

PART 4

태양빛 아래에서
모든 것이 드러난다

기하광학 교실

갈릴레이에서 제임스 웹 우주 망원경까지

갈릴레이가 망원경을 통해 달 표면의 분화구를 관찰한 이후로 망원경은 우주를 탐구하는 중요한 도구로 사용되고 있지.

미국 항공 우주국(NASA)은 2021년 12월 25일에 우주 관측 연구를 담당할 제임스 웹 우주 망원경(JWST)을 발사했어. 제임스 웹 우주 망원경은 태양과 지구에 대해 상대적으로 정지한 위치인 라그랑주 지점(지구로부터 150만km 떨어진 곳)에 위치해 있지.

1990년 지구 궤도에 올려진 허블 우주 망원경(HST)의 뒤를 이은 차세대 망원경의 시대가 온 것이지. 그동안 허블 우주 망원경은 고도 559km의 저궤도에서 자외선부터 근적외선까지의 영역에 이르기까지 다양한 천체들을 관측했었는데, 제임스 웹 망원경은 적외선 관측을 통해 초기 우주 상태를 알아내는 것이 주된 임무라고 해. 그 외에도 다른 어떤 일들을 하게 될지도 정말 기대가 돼.

이와 같이 우주로부터 날아오는 빛은 우주의 많은 비밀들을 알려주고 있어.

제임스 웹 우주 망원경

제임스 웹이 관측한 은하의 이미지
출처_ NASA, ESA, CSA, STScI 및 S. Crowe

투명함이란?

빛이 입사될 때 물질이 어떻게 반응할지는 빛의 진동수와 물질을 이루는 전자의 고유진동수에 달려있어.

전자의 고유진동수는 전자가 원자핵에 얼마나 강하게 결합되어 있느냐에 달려있지. 유리 속에 있는 전자들의 고유진동수는 자외선 영역에 속해. 따라서 가시광선은 그대로 통과하지만, 자외선이 유리에 입사하면 공명 현상이 나타나서 유리에 흡수돼. 보통 원자가 흡수한 에너지는 충돌에 의해 이웃한 원자에 전달되거나 빛의 형태로 재방출되지.

만일 자외선이 자신과 동일한 고유진동수를 가진 원자와 상호작용하게 되면, 전자의 진폭이 커지면서 주위의 다른 원자와 충돌하며

열의 형태로 전달하게 돼. 이러한 이유로 유리는 가시광선 영역에서는 투명하지만, 자외선 영역에서는 투명하지 못한 거야.

적외선은 전자뿐만 아니라 유리 원자를 진동시키므로 전체적인 진동이 유리의 내부에너지를 증가시켜. 그래서 유리가 점차 따뜻해지게 만들지. 그래서 적외선도 유리에 대해 투명하지 않아.

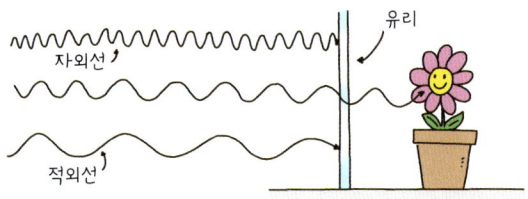

유리는 자외선과 적외선은 막지만 가시광선은 통과시킨다.

- **색깔은 어떻게 보이는 걸까?** 장미는 빨갛고 청바지는 파랗지. 이렇게 다양한 색깔들은 화가들뿐만 아니라 물리학자들에게도 많은 호기심을 불러일으키고 있어.

색깔은 물체에 의해 방출되거나 반사된 빛이 우리 눈을 자극시켜서 머리에서 인식되거든. 수정체를 통과하여 망막에 도달한 빛은 시각 세포에 의해 전기 신호로 바뀌어 신경 섬유를 따라 뇌에 전달되는 과정을 거치고 나서야 비로소 색깔을 알아볼 수 있다는 말이야.

그럼, 위의 과정 중 망막에서 전기신호를 만들어내는 과정을 더 자세히 알아볼까? 우리 눈의 망막에는 시각 세포들이 밀집하여 분포되어 있기 때문에 빛을 감지할 수 있어. 시각세포 중 원추세포(원뿔세포)는 색을 구별하는 세포이고 간상세포(막대세포)는 명암을 구별하는 세포야. 또 원추세포는 빨간색 빛을 감지하는 R원추세포, 초록빛을 감지하는 G원추세포, 파란색 빛을 감지하는 B원추세포가 각각 따로 있어.

예를 들어 R원추세포가 반응을 하면 빨간색 빛을 인식하게 되고, R과 G원추세포가 반응하면 노란색 빛으로 인식하게 되지. 그림과 같이 한 파장의 빛에 R, G, B 원추세포들이 각각 반응하는 정도에 해당하는 전기 신호가 만들어지고 이 전기 신호가 뇌에서 색깔로 해석되는 거야.

원추세포의 분광 흡수 스펙트럼

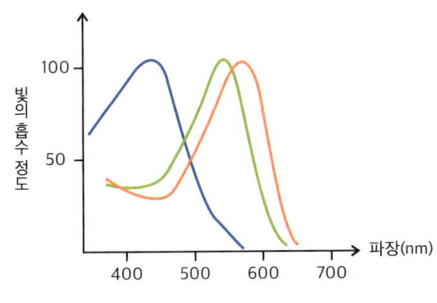

망막의 구조

빛의 분산과 스펙트럼

무지개는 어떻게 만들어질까? 물질 내에서 빛의 속력이 얼마나 느려지는지는 매질을 이루는 물질의 종류와 빛의 진동수와 관련이 있어. 어떤 원자로 이루어진 매질에서 전자의 고유 진동수에 가까운 진동수의 빛일수록 그 매질에서 느리게 진행하게 되지.

이것은 그 매질에서 흡수와 방출이라는 과정을 통해 더 많은 상호 작용을 겪어야 하기 때문이야. 보통 유리에서는 보라색 빛이 빨간색 빛보다 1% 정도 느려. 보라와 빨강 사이의 색깔들은 그 중간 정도의 속력으로 진행을 하지. 이와 같이 진동수에 따라 빛의 속력이 달라져서 생기는 굴절률 때문에 색깔이 분리되어 나타나는 현상을 빛의 분산이라고 해.

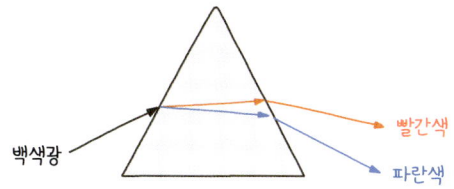

무지개는 빛의 분산에 의해 설명될 수 있는 대표적인 자연현상이야. 무지개를 보려면 하늘 한쪽에 태양이 빛나고 있어야 하고 대기 중에는 물방울들이 있어야 해. 또 무지개를 보려면 태양을 등지고 있어야 하지. 비행기를 타고 충분히 높이 올라가서 보면 무지개는 완전히 원을 이루고 있는 것을 볼 수 있어. 지상에서도 땅이 가로막고 있지 않다면 무지개는 모두 완전한 원이야.

태양 광선이 물방울 위쪽의 표면으로 들어간다고 생각해 봐. 여기서 빛의 일부는 반사하고(그림에는 나타내지 않았음) 나머지는 물방울 속으로 굴절되어 들어가게 돼. 이 첫 번째 굴절에서 빛이 분산되어 여러 가지 색깔로 갈라지게 되는 거지.

무지개는 태양 반대편 하늘의 일부에서 생기고 태양에서부터 관찰자까지를 잇는 가상의 선을 연장하면 그것을 중심으로 둥글게 만들어진다.

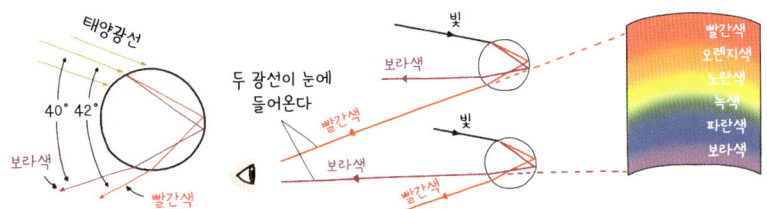

 첫 번째 굴절로 인해 분산된 빛이 물방울의 반대쪽 부분에 닿아서 일부는 굴절되어 밖으로 빠져나가고(이것도 나타내지 않았음) 일부는 반사되어 물방울 속으로 되돌아오게 돼. 이때 물방울의 아래쪽 표면에 도착한 광선의 일부는 공기 중으로 굴절되는 거야.

 두 번째 굴절은 프리즘에서의 굴절과 비슷한데, 첫 번째 표면을 통해 이미 만들어진 분산이 더욱 확대되어 나타나게 되는 거야.

 각각의 물방울들은 모든 색깔의 무늬가 나타나도록 빛을 분산시키지만, 관찰자는 특정한 위치에서 하나의 물방울로부터는 하나의 색깔만을 볼 수 있어. 그렇기 때문에 무지개를 보는 위치에 따라서 색깔이 다르게 보이는 거야.

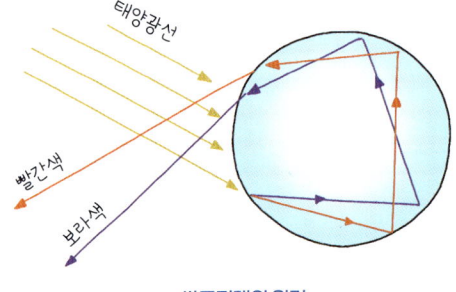

쌍무지개의 원리

아래 사진과 같이 쌍무지개가 뜰 때도 있어. 쌍무지개는 물방울 내에서 두 번의 반사가 일어난다는 점이 무지개와 다른 거야. 이때 첫 번째 무지개 주위에 더 큰 각도의 원호를 그리며 두 번째 무지개가 나타나는데, 모양은 첫 번째보다 더 크고 색깔의 순서는 반대로 나타나게 돼. 쌍무지개는 물방울 속에서 두 번 반사하여 만들어지는 것인데, 두 번째 반사가 일어날 때 빛의 일부는 굴절되어 물방울 밖으로 나가 버리기 때문에 두 번째 무지개는 훨씬 희미하게 보여.

무지개와 같은 원리로 브로켄 현상이라는 것이 있는데 등 뒤에서 해가 비칠 때 자신의 그림자가 전방의 안개 혹은 구름에 비치는 기상광학 현상이야. 사물의 뒤에서 비치는 태양광이 구름이나 안개에 퍼져 그림자 주변에 무지개 같은 빛의 띠가 나타나는 것이지.

쌍무지개

브로켄 현상

출처_ wikimedia commons(GerritR)

- **뉴턴의 스펙트럼** 뉴턴은 색깔에 대해 체계적으로 연구한 최초의 과학자야. 삼각형 모양의 유리 프리즘에 한 줄기의 가느다란 태양 광선을 통과시켜서 태양 광선이 무지개 색깔을 포함한 빛이라는 것을

보여 주었지.(2권, 399쪽_스펙트럼 참고)

　프리즘은 태양 광선을 길다란 색깔의 띠로 나타나게 하였어. 뉴턴은 이 색깔의 띠를 스펙트럼이라고 불렀고 색깔은 빨강, 주황, 노랑, 초록, 파랑, 보라의 순서로 나타났다고 기록했지.

　또한 뉴턴은 스펙트럼의 색깔들이 프리즘의 성질이 아니라 백색광 자체의 성질이라는 것을 확인시키기 위해서, 스펙트럼의 색깔들을 두 번째 프리즘에 다시 통과시켜 백색광이 나오는 것을 보여 주었지.

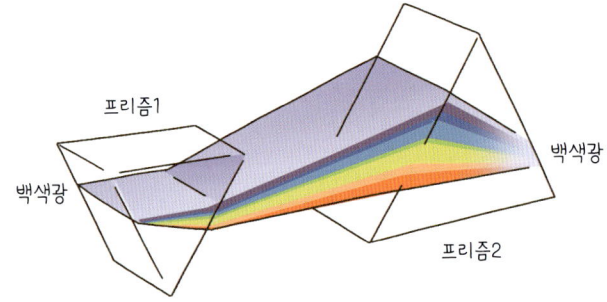

　즉 모든 색깔의 빛을 합하면 백색광이 된다는 거야.

　검은색은 색깔이 아니라 빛이 없는 상태라고 할 수 있지. 물체가 모든 가시광선을 흡수하면 그 물체는 검게 보이거든. 우리가 볼 수 있는 검은 물체는 모든 빛을 흡수하지는 못하고 표면에서 항상 약간의 빛을 반사하기 때문이야. 그렇지 않으면 우리는 아예 볼 수가 없을 거야.

다양한 색깔의 빛을 섞으면 어떻게 될까?

우리 주변에 있는 색깔들은 물체가 빛을 반사하기 때문에 나타나는 거야. 대부분의 물체들은 어떤 진동수의 빛만 흡수하고 나머지는 반사시키지.

만일 어떤 물체가 가시광선의 진동수를 가진 거의 모든 빛을 흡

수하고 빨간색 빛만 반사한다면 그 물체는 빨갛게 보여. 만일 흰 종이처럼 가시광선의 진동수를 가진 모든 빛을 반사한다면 그것은 들어오는 빛과 같은 색깔이 될 거야.

백색광이 꽃에 비춰질 때 어떤 진동수의 빛은 꽃 속의 세포에서 흡수되고 어떤 빛은 반사되지. 클로로필을 가진 세포는 입사하는 대부분의 진동수의 빛을 흡수하고 초록색 빛만 반사하므로 초록색으로 보여. 빨간 장미의 꽃잎은 빨간색 빛만 주로 반사하고 상대적으로 파란색 빛은 덜 반사하지.

아주 재미있는 사실은, 수선화 같은 노란색 꽃들의 꽃잎은 노란색 빛과 함께 빨간색 빛과 초록색 빛도 반사한다는 거야. 노란색은 파란색이나 보라색을 제외한 여러 색깔들의 빛이 혼합된 것일 수도 있고, 또는 빨간색 빛과 초록색 빛의 합으로도 만들어질 수 있기 때문이야.

물체는 주위를 밝게 비추는 불빛(광원) 속에 존재하는 진동수의 빛만을 반사시킬 수 있다는 점에도 유의해야 해. 색깔이 있는 물체가 어떤 색깔로 보이는가는 사용된 빛(광원)이 어떤 것이냐에 달려 있거든.

촛불은 높은 진동수가 거의 없는 빛을 내기 때문에 노르스름한 빛을 띠게 돼. 그래서 촛불 아래에서는 모두 노르스름하게 보이지.

백열등은 가시광선의 진동수를 가진 빛을 모두 방출하지만 낮은 진동수의 빛이 더 풍부하며 붉은색이 강하게 나타나. 형광등은 높은 진동수의 빛이 더 풍부하여 푸른색이 강하게 나타나지. 그렇기 때문에 빨간색 티셔츠를 입으면, 형광등 불빛 아래에서보다 백열등 아래에서 빨강이 더 두드러지게 나타나게 돼.

물체의 색깔을 정확하게 알아보려면 태양빛 아래에서 보는게 가장 좋겠지. 광원의 종류에 따라 물체의 색깔이 다르게 감지될 수 있다는 점은 반드시 유의해야 해.

투명한 물체의 색깔은 그것이 통과시키는 빛의 색깔에 달려있어. 빨간색 유리는 빨간색 빛만 통과시키기 때문에 빨갛게 보이지. 이와 마찬가지로, 파란색 유리는 주로 파란색 빛만 통과시키고 나머지 색깔은 흡수하기 때문에 파랗게 보여.

유리 속에서 선택적으로 색깔의 빛을 흡수하는 물질을 색소 또는 안료라고 하는데, 원자 수준에서 보면 안료 원자 속에 있는 전자들이 어떤 특정한 진동수의 빛을 선택적으로 흡수하는 거야. 보통 창유리는 색깔이 없는데 그 이유는 모든 가시광선의 진동수를 다 통과시키기 때문이지.

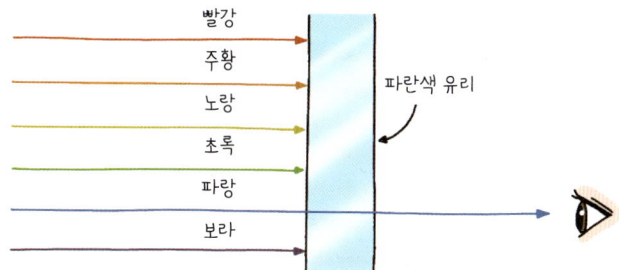

파란색 유리는 파란색 빛의 진동수에 해당하는 에너지만 통과시킨다.

가시광선 영역의 진동수에 해당하는 모든 빛이 혼합되면 흰색이 돼. 재미있는 것은 흰색은 빨간색, 초록색, 그리고 파란색 빛의 조합만으로도 만들어진다는 거야. 빨간색, 초록색, 파란색 빛을 같은 밝기로 스크린에 비추면 희게 나타나지. 빨간색과 초록색 빛을 겹쳐 비추면 스크린에는 노랗게 나타나. 빨간색과 파란색 빛만을 비추면 자홍색이 만들어지고. 초록색과 파란색 빛만을 비추면 청록색이 돼.

사실 거의 모든 색깔들은 세 가지 색깔의 빛을 적당한 비율의 밝기로 섞어 주면 다 만들어 낼 수 있어. 이 놀라운 현상이 나타나는 이유는 인간이 가진 눈이 작용하는 방식 때문이야.

빨간색, 초록색, 파란색을 섞었을 때 가장 많은 가짓수의 다른 색깔들을 만들 수 있기 때문에 이 세 가지 색을 빛의 3원색(additive primary colors)이라고 해.

이렇게 사람의 눈이 세 가지 색깔의 조합들을 여러 가지 다른 색깔들로 볼 수 있는 능력이 있기 때문에 컬러텔레비전도 볼 수 있는

거야. 텔레비전의 화면을 자세히 들여다보면 빨간색, 초록색, 파란색으로 이루어진 작은 점들의 집합으로 되어 있는데 그 점들은 1mm보다 작은 간격의 십자형 배열을 이루고 있어. 약간 떨어져서 보면 이 세 가지 색깔들이 서로 혼합되어 다양한 색깔들을 만들어 냄을 알 수 있지.

그러면 빛의 삼원색 중에서 두 개만을 섞으면 어떻게 될까?

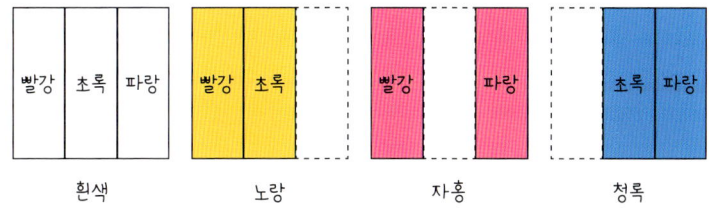

두 가지 색을 섞어서 흰색을 만들 때, 그 둘을 보색이라고 해. 예를 들면, 노란색은 빨간색과 초록색의 조합이기 때문에 노란색과 파란색은 보색 관계에 있는 거야. 같은 논리로 자홍과 초록은 보색이며, 청록과 빨강은 보색이야.

모든 빛깔은 보색을 가지고 있어서 그것과 섞어 주면 흰색이 되지.

그럼 이번에는 백색광에서 어떤 색깔을 빼 볼까? 그때 남는 색깔은 뺀 색깔의 보색이야. 물체에 입사한 빛이 모두 반사하는 것이 아니고 일부는 흡수되지. 흡수된 부분은 입사한 빛에서 빠진 부분이라고 할 수 있어.

빛의 반사와 굴절

○ **반사와 굴절** 빛은 파동과 같이 진공이나 균일한 물질 내에서는 직진하지만, 두 물질의 경계면에 도달하면 반사하거나 굴절을 해. 거울이나 렌즈에서 우리의 모습이 비치는 것도 빛이 거울이나 렌즈의 경계면에서 반사나 굴절을 하기 때문이야.

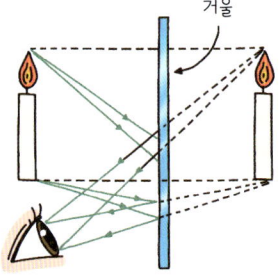

거울

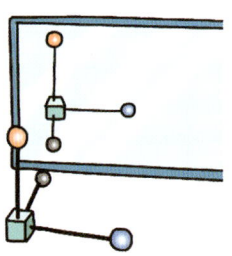

평면거울 앞에 있는 촛불을 생각해 봐. 광선은 거울 표면으로부터 모든 방향으로 반사되는데, 각각의 광선은 반사의 법칙을 따라 진행되지.

그림은 촛불 끝에서 나오는 광선이 거울에서 반사되어 우리 눈으로 오는 과정을 나타낸 거야. 거울에 반사되어 눈으로 들어오는 광선들은 거울 뒤에 있는 한 점으로부터 나오는 것처럼 보여. 그래서 우리는 거울 속에 있는 촛불의 상을 보게 되는 것이지. 이 상을 허상이라고 하는데 그 이유는 빛이 정말로 거기서 나오는 것이 아니기 때문이야.

우리 눈으로는 물체(실상)와 허상의 차이를 거의 느낄 수 없어. 그 이유는 거울에서 반사되어 우리 눈으로 들어오는 빛은 거울이 없고 물체가 그 뒤에 정말로 있는 것처럼 우리 눈으로 들어오기 때문이지.

평면거울에서 상까지의 거리는 물체에서 거울까지의 거리와 같고 상과 물체의 크기도 같아. 그림을 보면 이해하기가 더 쉽지?

빛이 거친 표면에 입사하면 여러 방향으로 반사되는데 이것을 난

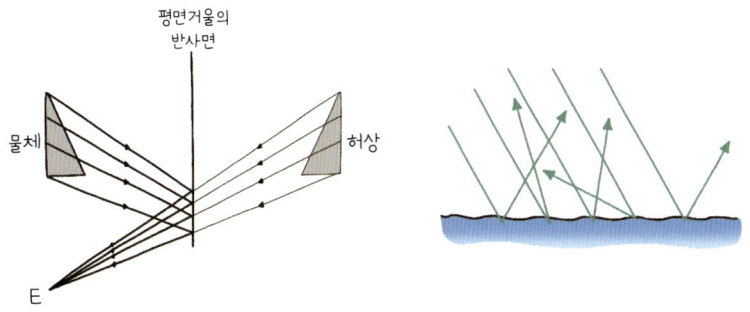

반사라고 해. 비록 각각의 광선은 반사의 법칙(입사각 = 반사각)을 따르지만, 물체의 표면이 거칠어서 각각의 광선이 서로 다른 각도로 입사하기 때문에 여러 방향으로 반사하게 되는 거야.

연못이나 수영장 물은 모두 실제보다 얕아 보여. 또한 강가에서 물고기를 보면 물고기는 실제 있는 곳보다 더 떠올라 보이지. 물이 담긴 컵 속에 연필을 넣으면 휘어져 보이고, 뜨거운 난로 위에는 아지랑이가 생기고, 별들은 반짝거려.

이런 현상들은 빛이 한 매질에서 다른 매질로 들어갈 때 빛의 속력이 변하기 때문에 일어나는 거야. 신기루처럼 같은 매질이라도 온도가 달라서 밀도가 변하면 역시 빛의 진행 방향이 꺾이게 되는데 이것을 빛의 굴절이라고 해.

그림 (가)에서 보는 것처럼 연못의 깊이도 다르게 보여. 물의 굴절률이 $\frac{4}{3}$이므로 실제 깊이의 $\frac{3}{4}$정도로 보이는 거지. 그 이유는 우리 눈은 항상 들어오는 빛의 연장선상에서 입사되는 것을 보기 때문이야.

신기루

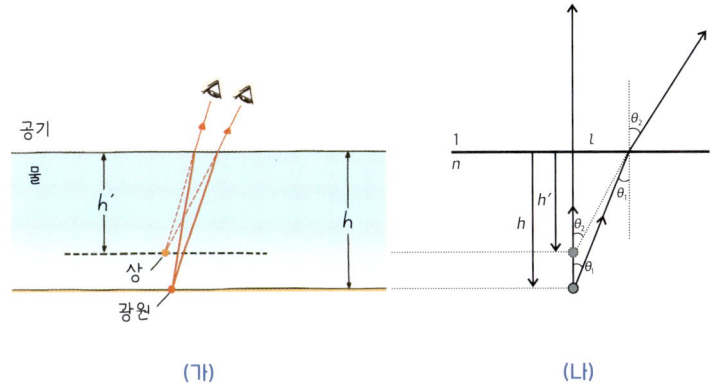

(가)　　　　　　　　　　(나)

　이것을 수식으로 확인해 볼까. 그림 (나)에서 스넬의 법칙을 이용하면 우리 눈에 보이는 물의 겉보기 깊이는 $n_1\sin\theta_1 = n_2\sin\theta_2$에서 θ가 매우 작을 때 $\theta_2 \cong n\theta_1$이고 $l = h'\tan\theta_2 = h\tan\theta_1$에서 근사식을 이용하면 $h'\theta_2 = h\theta_1$이므로 $h' = \dfrac{h}{n}$가 되는 거야.

- **전반사** 뒤에 나오는 그림과 같은 수조의 아래쪽에서 레이저 포인터를 비추면 어떻게 보일까. 처음에는 레이저 포인터를 연직 위로 향하게 하고 그 다음에는 천천히 레이저 포인터를 기울이면서 물 밖으로 나가는 빛의 세기와 수면에서 반사되어 다시 수조 바닥으로 되돌아오는 빛의 세기를 살펴보자.

　레이저 포인터에 의한 빛이 물속에서 공기 중으로 입사할 때 입사각이 작으면 수면에서 빛의 일부는 굴절하고 일부는 반사하게 돼. 빛의 입사각을 증가시키면 물 밖으로 굴절되는 빛의 세기는 점점 작아지다가 0이 되지. 이때 빛의 입사각이 물의 임계각(법선과 48°)을 넘

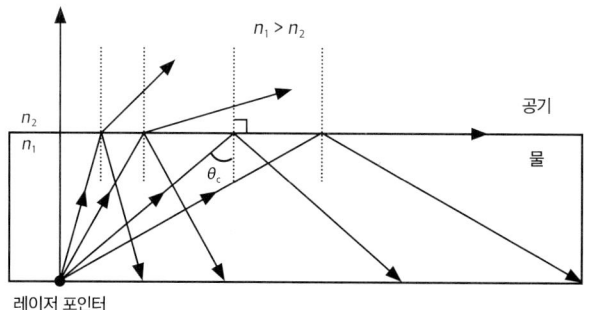

으면, 빛은 더 이상 물 밖으로 나오지 않고 전부 반사돼. 이것을 전반사라고 하지. 전반사가 일어나는 임계각을 θ_c라 하면 입사각이 θ_c이고 굴절각이 90°이므로 스넬의 법칙을 이용하여 수식으로 나타내면 다음과 같아.

$$n_1 \sin\theta_c = n_2 \sin 90° \rightarrow \sin\theta_c = \frac{n_2}{n_1} = \frac{1}{n}$$

(공기의 굴절률 n_2는 1에 가깝다.)

전반사가 일어나기 위해서는 굴절각이 입사각보다 커야 하므로 반드시 광학적으로 밀한(굴절률이 큰) 매질에서 소한(굴절률이 작은) 매질로 진행해야만 하지. 유리의 임계각은 유리의 종류에 따라 다르지만 43° 정도야. 유리 안에서 법선에 대해 각이 43°보다 큰 각으로 입사하는 빛은 전반사되지. 예를 들면 그림에서 보는 것처럼 유리 프리즘 안에 있는 광선들은 뒷 표면에서 45°로 만나므로 전반사돼.

전반사의 진가는 광섬유에서 나타나. 광섬유는 접근하기 어려운

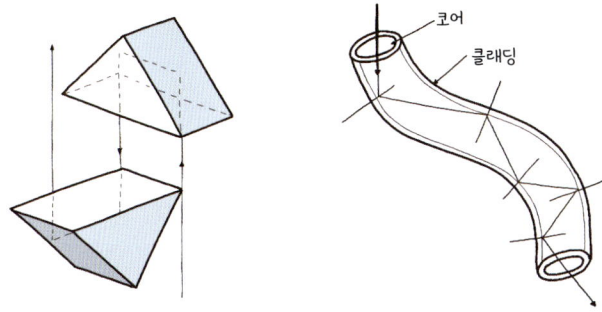

곳까지 빛을 전달해 주기 때문이야. 기계를 제작하는 사람들은 광섬유를 이용하여 엔진의 내부를 조사하고, 내과 의사들은 광섬유를 이용하여 환자의 몸 안을 살펴보기도 해.

그뿐만 아니라 광섬유는 통신에서도 중요한 역할을 하고 있어. 많은 도시에서 주요 전화국들 사이에 수천 회선의 동시 전화 신호를 운반할 때, 굵고 큰 부피의 비싼 구리선 대신에 가는 유리 섬유를 이용하고 있거든. 이렇듯 기존에 많이 쓰였던 전기 회로와 마이크로파 대신에 광섬유를 사용하는 일이 점점 더 늘고 있고, 해저 케이블도 광섬유로 대체되고 있어.

구면 거울과 렌즈

○ 거울이 곡면(구면)이라면 상의 크기와 거리는 평면인 경우와 달라. 그림에서 보는 것처럼 거울 표면의 모든 점에서 입사각과 반사각은 같거든.

평면거울과 달리 곡면거울에서는 표면 위의 각 점에서 법선들이 나란하지 않아. 왼쪽 그림과 같이 볼록거울에 의해 만들어지는 허상

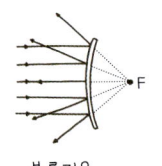
볼록거울

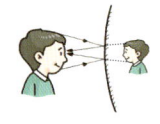
축소된 허상

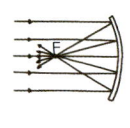
오목거울

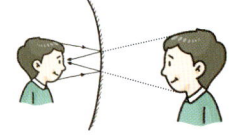
확대된 허상

은 실물보다 더 작고 더 가깝게 맺히지. 또 오른쪽 그림과 같이 물체가 오목거울에 가깝게 있을 때 만들어지는 허상은 실물보다 더 크고 더 멀리 맺히게 돼.

오목거울에서는 반사된 빛이 모여서 실상이 만들어지기도 하지만 볼록거울에서는 반사된 빛이 발산하므로 실상은 만들어지지 않아.

그림은 볼록거울과 오목거울에서 물체의 위치에 따른 다양한 실상과 허상을 나타낸 거야.

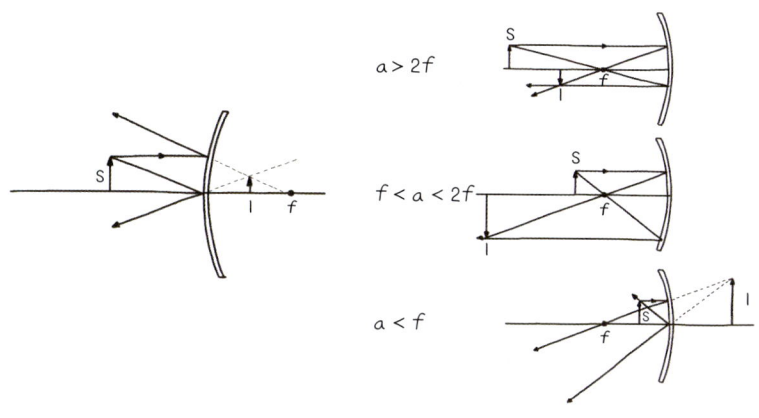

항상 축소된 허상만 생긴다.

a(물체의 거리)>$2f$(초점거리)보다 크면 작은 실상이, $f<a<2f$이면 큰 실상이, $a<f$이면 큰 허상이 생긴다.

(단, S : 물체, I : 상)

볼록거울에 의한 상　　　　**오목거울에 의한 상**

유리 조각을 적당한 모양으로 깎으면 굴절에 의한 평행 광선들을 모아 하나의 상을 만들 수 있어. 이런 유리 조각을 렌즈라고 하지.

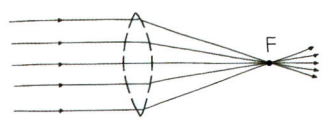
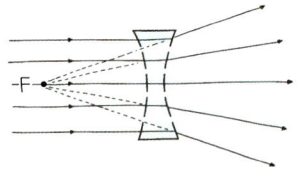

볼록렌즈는 빛을 한 점으로 모은다.   오목렌즈는 빛이 한 점에서 나온 것처럼 퍼뜨리는 역할을 한다.

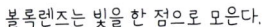

(단, F : 초점, 렌즈가 얇다고 가정해서 한번만 굴절한 것으로 나타냄)

그림 (가)의 배열은 볼록렌즈로 중간 부분이 더 두꺼운데, 이는 빛을 한 점으로 수렴시키지. 그림 (나)의 배열은 오목렌즈로 중간 부분이 더 얇은데 그것은 빛을 발산시키게 돼.

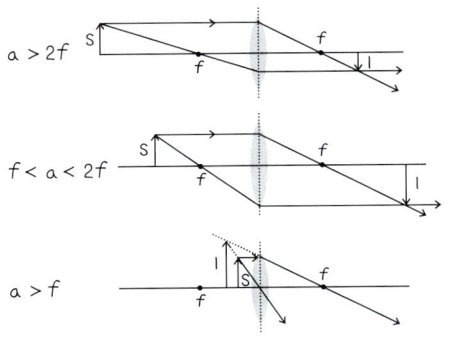

a(물체의 거리) > $2f$(초점거리)보다 크면 작은 실상이,
$f < a < 2f$이면 큰 실상이,
$a < f$이면 큰 허상이 생긴다.

(가) 볼록렌즈에 의한 상

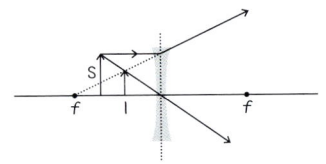
(나) 오목렌즈에 의한 상

확대경은 시각을 넓혀서 보다 상세히 볼 수 있게 해 주는 볼록렌즈야. 확대경을 사용할 때는 물체 쪽으로 가까이 가져가서 보아야 해. 이것은 확대경으로 확대해서 보려면 물체를 렌즈의 초점과 렌즈 사이에 놓아야 하기 때문이지. 확대경에서 상이 생기는 위치에 스크린을 갖다 놓아도 상이 스크린에 맺히지 않는데 그 이유는 빛이 실제로 상이 생기는 위치에 모이는 것이 아니기 때문이야.

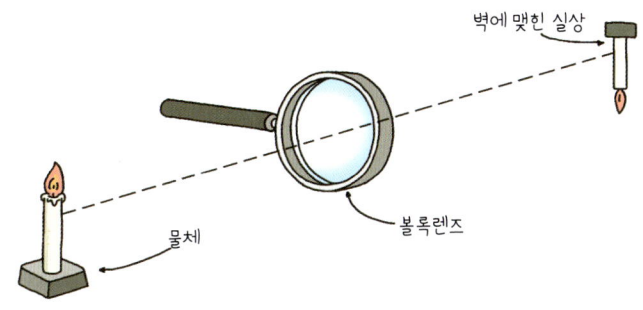

물체가 볼록렌즈의 초점으로부터 충분히 멀리 떨어져 있으면 물체로부터 오는 빛은 수렴하여 스크린 위에 맺히게 돼. 이와 같이 수렴하는 빛이 만드는 상을 실상이라고 해.

볼록렌즈에 의해 생기는 실상은 도립상(거꾸로 선 상)이야. 볼록렌즈는 스크린에 비추는 영화나 슬라이드 또는 카메라에 실상을 맺게 할 때 사용하지.

오목렌즈로 만들어지는 상은 항상 허상이고 정립상(똑바로 선 상)이며, 물체보다 작아. 이것은 물체가 멀리 떨어져 있건 가까이 있건 관계가 없어. 오목렌즈는 카메라의 파인더에 쓰이는데 파인더를 통해 물체를 보면, 사진과 거의 같은 비율의 허상이 똑바로 보여.

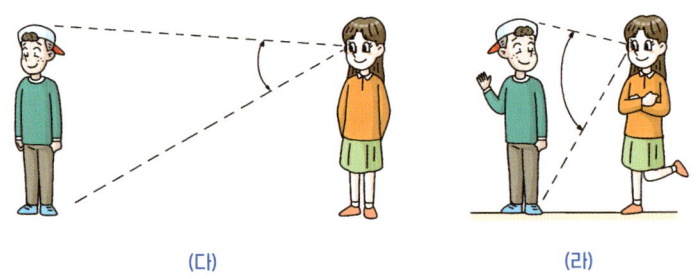

(다)   (라)

육안으로 보면 멀리 떨어진 물체는 상대적으로 작은 시각(視角:물체의 양쪽 끝으로부터 눈에 이르는 두 직선이 이르는 각)으로 보여.[그림(다)] 더 가까이 가서 그 물체를 보면 더 큰 시각으로 보이지.[그림 (라)]. 그래서 시각이 커지면 더 상세히 볼 수 있는 거야.

• **렌즈의 수차(상의 뒤틀림)** 렌즈에 의해 만들어지는 상의 뒤틀림을 수차라고 하는데, 적절한 방법으로 렌즈를 결합하면 수차를 최소화할 수 있지.

수차를 최소화하기 위해 대부분의 광학 기구는 여러 개의 렌즈로 이루어져 있는 복합렌즈를 써.

구면수차는 렌즈의 가장자리를 지나는 빛과 렌즈의 중심 부분을 지나는 빛의 초점이 약간 다르기 때문에 생기는데, 이것을 교정하려면 카메라에서 조리개를 쓰는 것처럼 렌즈의 가장자리를 가리면 돼. 좋은 광학 기구의 경우 구면수차는 렌즈의 결합을 통해 교정할 수 있어.

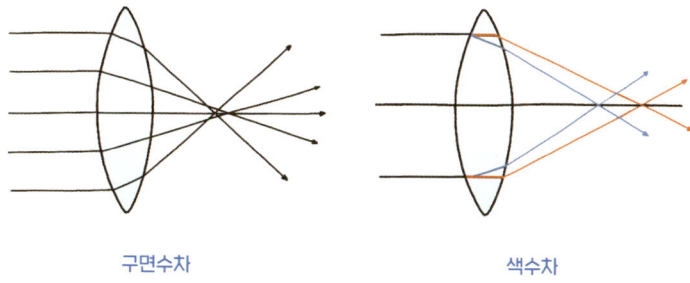

구면수차   색수차

색수차는 색깔에 따라 빛의 속력이 다르고, 속력이 다르면 굴절률도 달라지기 때문에 발생하는 현상이야. 단순렌즈(예를 들어 한 개의 프리즘)에서 빨간색 빛과 파란색 빛이 굴절하는 정도가 다른데, 그 결과 두 빛은 같은 위치에 모이지 못하지.

이러한 색수차 때문에 우주를 관찰할 때는 렌즈를 이용한 굴절 망원경 대신 거울을 이용한 반사망원경을 사용하기도 해. 하지만 반사망원경 역시 경통 안에 들어있는 공기의 대류 현상으로 수차가 발생하기 때문에 완전한 상을 관측하는 것이 쉬운 일이 아니긴 해.

눈의 경우에는 눈동자가 가장 작을 때 가장 뚜렷이 보이는데, 그 이유는 눈의 중심 부분을 통과하는 빛만이 눈 안으로 들어오기 때문이야. 이때, 구면수차와 색수차가 가장 작아. 또한 빛이 렌즈의 중심 부분에서 가장 작게 굴절하므로 선명한 상을 맺기 위한 초점 조절을 조금만 해도 돼. 눈동자가 더 작아지면 밝은 빛 속에서 더 잘 볼 수 있어.

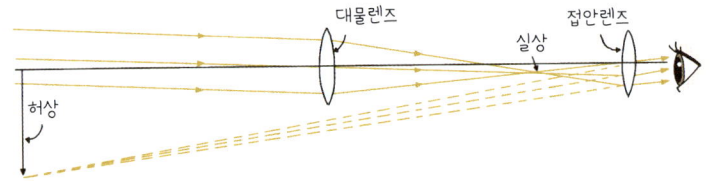

대물렌즈는 멀리 있는 물체의 실상을 접안렌즈 초점 안쪽에 맺게 하고
접안렌즈는 이 실상을 확대시켜 큰 허상을 만든다.

천체 망원경에서 렌즈의 배열

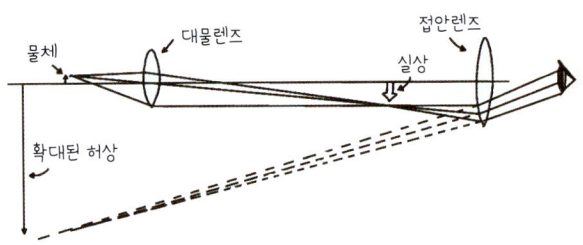

대물렌즈는 가까이 있는 물체(시료)의 확대된 실상을 만들고
접안렌즈는 확대된 상을 다시 확대시킨다.

복합현미경에서 렌즈의 배열

　일반적으로 현미경이나 카메라 같은 광학 기기를 사용해 본 사람이라면 초점에서 벗어난 부분의 상은 흐릿하게 나온다는 것을 알고 있지. 이는 빛이 초점에 모이지 않아 상이 흐려지는 거야.

　공초점 현미경은 초점 위치에 작은 구멍(pinhole)을 두어 초점에 모이지 않은 빛은 막고, 초점에 맞는 빛만 통과시켜. 이로써 깨끗하게 초점이 맞는 상만을 획득하는 기술이 공초점 기술이야. 레이저 공초점 현미경은 단일파장 레이저 광원과 핀홀, CCD(전하결합소자)

등과 같은 장치의 도움을 받아 레이저 광원에 의해서 형광을 띠는 시료를 3차원적으로 관찰할 수 있게 해주는 현미경이지.

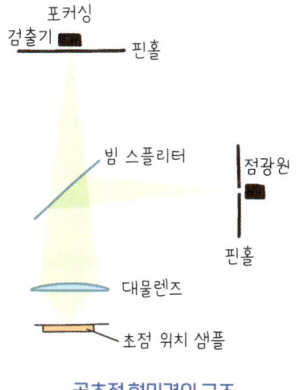

공초점 현미경의 구조

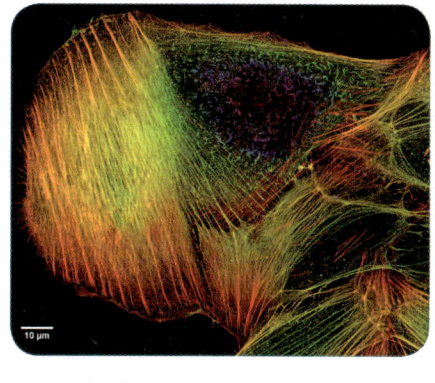

공초점 현미경으로 본 골육종 세포의 모습

출처_ wikimedia commons(Howard-Vindin)

내용을 잘 이해했는지 확인해볼까?

※ 정답은 368쪽에

1 그림과 같이 단색광이 매질 A, B의 경계면에서 입사한 후 B와 C의 경계면에서 전반사한다. 이때 $\theta_1 < \theta_2$ 이다. 세 물질 각각의 굴절률과 전파속도를 비교하여 서술하시오.

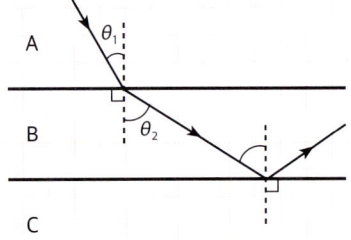

2 그림과 같이 흰 종이 위에 세 개의 광원에서 빛의 삼원색에 해당하는 빛을 비추고 A영역에 물체를 놓았더니 물체가 파란색으로 보였다. (가)와 A, B, C영역의 색깔에 대해 서술하시오.

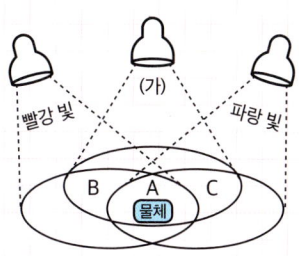

3 그림과 같이 오목거울과 평면거울이 마주보고 있다. 오목거울의 축은 평면거울에 수직이고 F는 오목거울의 초점이다. F를 지나는 광선 l이 두 거울에서 반사하면서 진행하는 경로를 그림에 표시하시오.

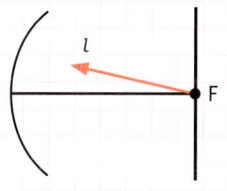

조금 더 어려운 문제들도
한번 풀어볼까?

＊ 정답은 369쪽에

4 그림 (a)와 같이 한 면은 평평하고 다른 면은 볼록한 유리로 된 초점거리 f인 평볼록렌즈를 그림 (b), (c)와 같이 물로 채워진 수조의 한 면에 붙인다. 다음 물음에 답하시오.

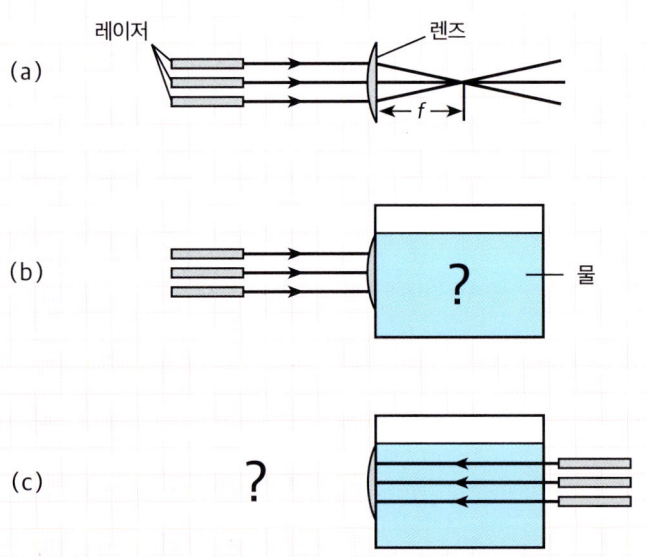

1) 그림 (b), (c)와 같이 세 개의 레이저 광선을 평볼록렌즈를 향해 입사시켰을 때 렌즈를 통과한 세 광선의 진행경로를 그림 (a)와 비교하여 초점거리의 변화에 대하여 설명하시오. (단, 공기의 굴절률 < 물의 굴절률 < 유리의 굴절률이다.)

2) 오목거울과 볼록렌즈를 수조에 넣은 다음 초점거리 안쪽에 물체를 놓고 상을 관찰했을 때 공기 중에서 관찰한 상과 비교하여 상의 종류와 상의 크기 변화를 설명하시오.

5 다음은 빛의 성질을 확인하기 위한 실험 장치와 실험 과정을 나타낸 것이다.

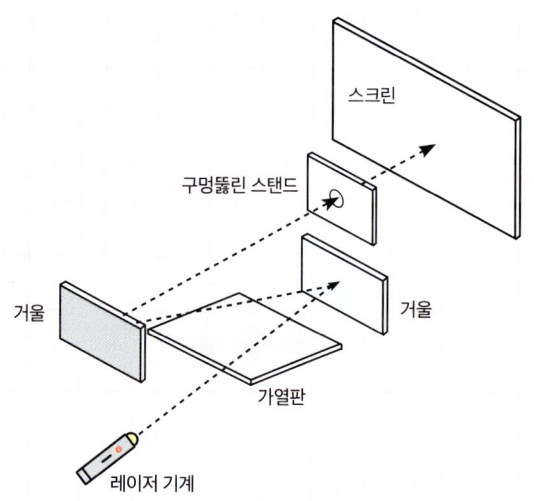

[실험 과정]

가. 레이저 광선이 두 거울의 앞 표면 중 하나의 가장자리를 지나서 거울 사이에 레이저를 장치한다.

나. 거울 사이를 충분히 떨어뜨려 놓고, 가열판이 광선이 지나는 공기를 가열하도록 한다.

다. 광선이 5~7m 떨어진 스크린을 비추도록 하고, 스크린까지 거리의 $\frac{2}{3}$ 되는 지점에 구멍을 뚫은 판을 놓아 스탠드에 고정시킨다.

라. 가열판이 충분히 가열되었을 때 스크린에 비치는 레이저 광선을 관찰한다.

마. 가열판을 제거한 후 스크린에 비치는 레이저 광선을 관찰한다.

1) 실험에서 가열판이 가열되었을 때 스크린에 비치는 레이저 광선의 관찰결과와 그 원인은 무엇인지 서술하시오.

2) 실험을 바탕으로 별빛이 반짝이는 현상을 설명하고, 또 우주 비행사가 우주 공간에서 별을 볼 때, 별빛이 어떻게 보일지에 대하여 설명하시오.

**창의적으로 생각하고 해결하는
문제에도 도전해보자**

* 정답은 369쪽에

6 두께 d인 유리판에 물에 젖은 얇은 화장지를 붙인 다음, 유리판에서 수직으로 레이저 광선을 입사시켰더니 그림과 같이 O점에서 빛이 산란하여 유리판 뒤쪽에 반지름 r인 밝은 원무늬가 관찰되었다.

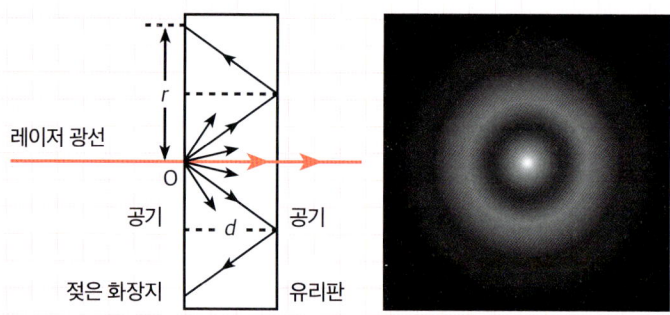

1) 밝은 원무늬가 생기는 이유를 서술하시오.

2) 공기에 대한 유리의 굴절률을 구하시오.

3) 파란색 레이저 대신에 빨간색 레이저를 사용하여 같은 실험을 하면 원무늬의 반지름은 어떻게 되는지 설명하시오.

파동광학 교실

비눗방울 색깔의 비밀

○ 어렸을 때 작은 고리에 비눗물을 묻혀 비눗방울 놀이를 해본 적 있지? 비눗방울이 어떻게 보였는지 기억을 떠올려봐. 날아가는 비눗방울의 색깔이 무지개처럼 여러 가지 색의 띠를 띠고 있었을 거야. 또 비눗물이 묻은 작은 고리가 달린 스틱을 수직으로 세워놓고 보아도 여러 가지 색깔의 띠를 볼 수

있지. 이러한 현상은 비누막에 반사된 빛이 파장에 따라 상쇄되거나 보강되어 생기는 현상인데, 이것을 빛의 간섭이라고 해.

빛의 간섭은 비가 온 날 물 위에 떠 있는 기름방울에서도 관찰할 수 있고, 공작새의 화려한 날개에서도 관찰할 수 있어.

비 온 뒤 하늘에서 나타나는 무지개와 색깔은 비슷하지만, 그 무지개와는 또 다른 원리가 적용되어 우리에게 그렇게 보여지게 되는 거야.

그럼 지금부터 우리의 눈을 즐겁게 하는 여러 가지 색의 비밀에 대해 알아보자.

빛의 산란

○ 300Hz에서 울리는 소리굽쇠가 있다고 해보자. 이 소리굽쇠에 300Hz의 소리가 입사되면 소리굽쇠는 진동을 시작하고, 진동을 하는 소리굽쇠의 소리가 주변으로 퍼지게 되겠지. 이때 소리굽쇠가 소리를 산란시킨다고 말해.

비슷한 과정이 분자들이나 그보다 더 큰 알갱이들(예를 들어 대기 속의 공기)에 의한 빛의 산란에서도 일어나. 원자들이나 분자들이 조그마한 광학적 소리굽쇠와 비슷한 형태로 흡수한 빛을 재방출하는 거지. 입자가 작을수록 더 높은 진동수의 빛이 산란하게 되는데, 이것은 작은 종이 울릴 때는 큰 종이 울릴 때보다 더 높은 음이 나는 것과 비슷하다고 생각하면 돼.

대기를 이루고 있는 질소와 산소 분자들 그리고 작은 입자들은 태양 광선에 의해 에너지를 받으면 높은 진동수의 빛을 흡수한 다음 재방출하는데, 이때 재방출되는 빛은 모든 방향으로 보내지는 거야.

• **하늘이 파란 이유는?** 태양으로부터 오는 자외선의 대부분은 대기 상층에 있는 오존층에서 흡수가 돼. 대기를 통과하여 들어오는 일부 자외선은 대기 입자들과 분자들에 의해 산란되지.

가시광선 중에서 보라색은 대부분 산란되고 파랑, 초록, 노랑, 주황, 그리고 빨강 순으로 산란하게 돼. 빨간색 빛은 보라색 빛의 십 분의 일밖에 산란되지 않지.

보라색 빛이 파란색 빛보다 더 잘 산란되지만 우리 눈이 파란색 빛에 더 민감하기 때문에 우리는 하늘이 파랗다고 느끼는 거야.

하늘이 파란 정도는 장소나 조건에 따라 달라져. 먼지 입자들이나 질소와 산소보다 더 큰 다른 입자들이 많은 곳에서는 진동수가 낮은 빛이 더 잘 산란되거든. 그러면 하늘은 희뿌옇게 보이지. 하지만

소나기가 내리고 난 후 입자들이 씻겨 내려가면 다시 짙푸르게 보이는 거야.

• **구름이 하얀 이유는?** 여러 가지 크기의 물방울들이 모여 구름이 되지. 그 중에는 아주 미세한 크기의 물방울도 있어. 크기가 다른 물방울들은 진동수가 서로 다른 빛들을 산란시키는데 큰 물방울은 낮은 진동수의 빛을, 작은 물방울은 높은 진동수의 빛을 산란시키게 돼. 그 결과로 흰구름이 되는 거지. 마치 투명한 얼음을 잘게 갈아놓은 빙수의 색깔이 우리 눈에는 하얗게 보이는 것과 같아.

• **저녁 노을이 붉은 이유는?** 빨간색 빛은 다른 어떤 빛들보다도 더 많이 대기 속을 통과하여 나아갈 수 있어. 그래서 빛이 두터운 대기 속을 통과할 때 산란이 가장 안 되는 낮은 진동수의 빛은 투과되지만

높은 진동수의 빛은 산란되지.

    태양 광선이 우리에게 도달하기 위해 통과하는 경로는 낮보다는 새벽녘이나 해 질 무렵에 더 길기 때문에, 그때 지표면에 도달하는 파란색 빛은 더 적어지게 돼. 그래서 태양빛이 노랑을 거쳐 주황이 되었다가 일몰 때는 완전히 붉게 보이는 거지.(이 진행은 새벽과 정오 사이에서는 반대로 이루어져.)

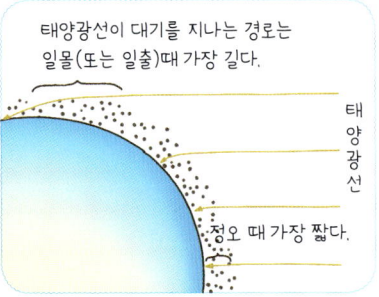

이중 슬릿에 의한 빛의 간섭

1801년에 물리학자이자 의사였던 토마스 영은 세상을 깜짝 놀라게 하는 발견을 했어. 가까이 있는 두 개의 작은 구멍에 단색광을 통과시키면 구멍 뒤에 있는 스크린에 밝고 어두운 무늬가 연속적으로 나타난다는 사실을 실험을 통해 알

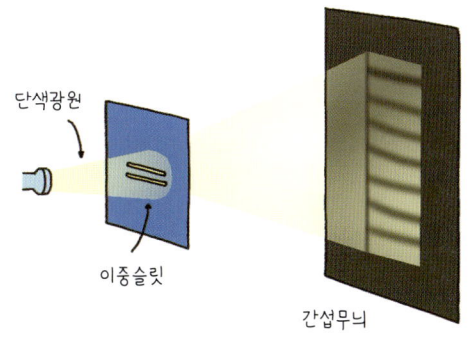

게 된 거야.

그리고 영은 밝은 무늬는 두 개의 구멍으로부터 출발한 빛의 마루(또는 골)와 마루(또는 골)가 겹쳐서 이루어진 부분이고, 어두운 무늬는 마루와 골이 겹친 것이라고 생각했어. 하위헌스가 일찍이 제안했던 내용을 빛의 파동적인 성질을 실험을 통해 확실히 보여주게 된 것이었지.

오늘날 영의 실험은 구멍 대신 간격이 좁은 두 개의 슬릿을 사용하는데, 그 무늬는 그림과 같이 직선 형태로 나타나게 돼. 아래 그림은 나트륨등이나 레이저 빛이 이중슬릿을 통과하여 스크린에 만들어낸 간섭무늬야.

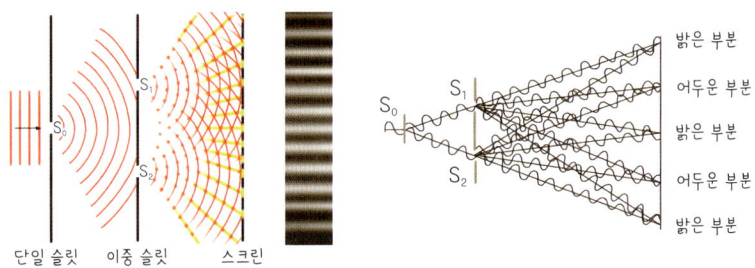

그림은 일련의 밝고 어두운 무늬들이 슬릿에서 스크린까지의 거리 차이 때문에 생기는 것임을 보여주지. 밝은 무늬는 두 슬릿에서 오는 파(빛)들의 위상이 같을 때 생기고, 어두운 부분은 위상이 반대일 때 생기지.

그림에서 단일 슬릿의 역할은 이중 슬릿을 통과하는 빛의 위상차를 일정하게 유지하기 위한 것인데 단일 슬릿이 이중 슬릿의 중앙에 위치할 때 이중 슬릿을 통과한 빛의 위상이 일치하게 되는 거야.

자, 그러면 이제 그림을 보면서 간섭무늬가 어떻게 스크린에 나타나는지 알아보자. 그림은 파장 λ인 단색광이 거리 d만큼 떨어진 슬릿 S_1과 S_2를 통과한 후 스크린 위에서 나타난 세 가지 간섭무늬야.

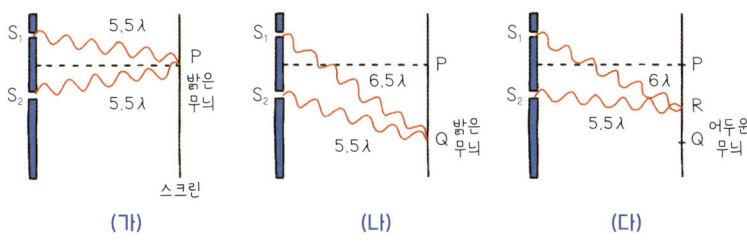

그림 (가)는 같은 위상을 가진 두 파동이 같은 거리를 진행하기 때문에 점 P에 같은 위상으로 도달하여 보강간섭에 의한 밝은 무늬가 나타나는 거야.

그림 (나)는 두 파동이 같은 위상으로 출발하지만 위의 파동이 아래 파동보다 한 파장만큼 더 진행하여 스크린 위의 한 점 Q에 도달하는 것이지. 위의 파동과 아래 파동의 경로차가 정확히 한 파장이기 때문에 이들 두 파동은 점 Q에서 같은 위상으로 겹쳐져서 보강간섭을 일으켜 밝은 무늬가 나타나는 거야.

그림 (다)처럼 P와 Q 사이의 점 R에 대해서도 살펴볼까. 이 점에서는 위의 파동(빛)과 아래 파동(빛)의 경로차가 반 파장이야. 이것은 한 파동의 골 부분이 다른 파동의 마루 부분과 겹쳐져서 점 R에서 상쇄간섭이 일어나므로 어두운 무늬가 나타나는 거야.

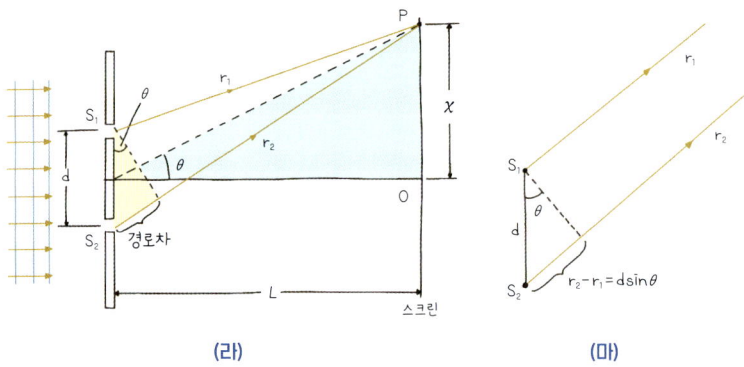

(라)   (마)

이번에는 그림을 이용하여 영의 실험을 정량적으로도 알아보자.

실제로 슬릿 간격 d는 스크린과 슬릿 사이의 거리 L에 비해 매우 작아서 실제 슬릿을 통과한 두 광선은 그림 (마)와 같이 거의 평행해. 따라서 각 θ는 슬릿과 두 평행 광선의 수직선이 이루는 각도와 같다고 할 수 있어. 따라서 아래쪽 슬릿에서 나온 광선은 위쪽 광선보다 $d\sin\theta$만큼의 거리를 더 진행해야 해. 바로 이 거리가 경로차가 되는 거지.

물결파의 간섭에서와 같이 영의 실험에서 간섭조건을 근사적인 수식으로 나타내면 다음과 같아.

보강간섭 : 경로차 = $S_1P \sim S_2P = d\sin\theta = d\dfrac{x}{L} = \dfrac{\lambda}{2}(2m)$: 밝은 무늬

($m = 0, 1, 2, 3, \cdots$)

상쇄간섭 : 경로차 = $S_1P \sim S_2P = d\sin\theta = d\dfrac{x}{L} = \dfrac{\lambda}{2}(2m+1)$: 어두운 무늬

밝고 어두운 무늬의 위치를 스크린의 중앙 O에서 한 점 P까지의 수직거리 x로 표현하는 것이 편리할 때가 많아. 슬릿 간격이 슬릿과 스크린 사이 거리에 비해 매우 짧으며($L \gg d$), 파장이 슬릿간격에 비해 매우 짧고($d \gg \lambda$) 각 θ는 매우 작은 각이므로 $\sin\theta \approx \tan\theta$의 근사를 사용할 수 있어. 또 간섭무늬 사이의 간격은 $\Delta x = \frac{L\lambda}{d}$로 나타낼 수 있지.

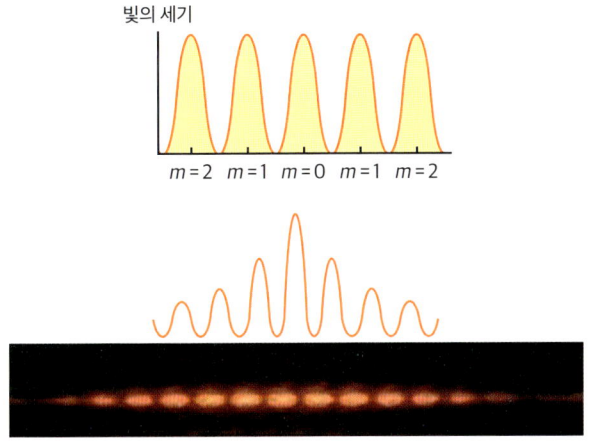

위의 그림은 스크린에 형성된 밝은 무늬를 빛의 세기로 나타낸 거야. 밝은 간섭무늬는 빛의 세기의 피크 또는 극대점이고, 어두운 간섭무늬는 극소점이야. 그림에서 보이는 것과 같이 실제로 이중 슬릿에 의한 밝은 간섭무늬는 중앙 극대($m=0$)에서 가장 밝고, 차수가 높아질수록 세기는 작아져. 슬릿으로부터 거리가 멀어짐에 따라 빛의 세기가 약해지는 것도 알 수 있지.

• **다중 슬릿(회절격자)** 수많은 슬릿이 나란하게 촘촘히 붙어 있는 것을 다중 슬릿 또는 회절격자라고 해. 분광계는 빛을 분산시켜 색깔을 분리시키는 프리즘보다는 회절격자를 많이 사용해. 프리즘이 빛의 색깔을 굴절에 의해 분리시키는 데 비해, 회절격자는 간섭과 회절에 의해 색깔을 분리시키지.

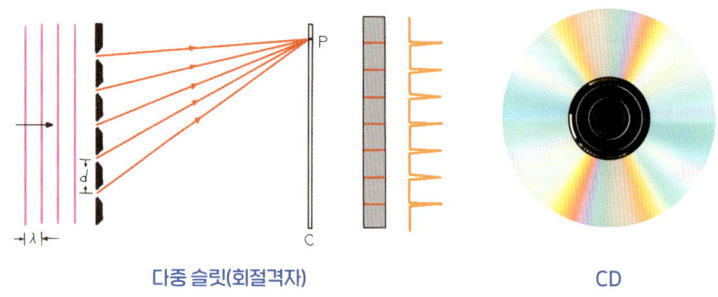

다중 슬릿(회절격자)　　　　　CD

자동차의 범퍼에 부착된 스티커와 같은 반사체는 흔히 볼 수 있는 회절격자야. 이런 물체들은 작은 홈들이 나 있어서 빛을 회절시켜 밝게 빛나는 스펙트럼을 만들어. CD나 DVD에 있는 작은 홈들은 고음질의 소리를 내기도 하지만 빛을 회절시켜 화려한 색깔을 만들기도 하지.

그러나 이런 고급 기술이 출현하기 전에도 자연은 이미 화려한 회절격자들을 만들어 내고 있었어. 새나 나비는 얇은 공기층에 의한 것이고, 오팔과 같은 보석들의 화려한 색깔은 회절격자로 작용하는 작은 실리카층으로부터 나오는 거야.

모포나비　　　　　　　　　　오팔

- 공기층에 의한 간섭(유리판의 두께에 비해 공기층은 매우 얇다.) 간섭무늬는 아주 가까이 있는 두 면으로부터 빛이 반사하여 만들어질 수 있어. 뒤에 나오는 그림 (가)에서 보는 것처럼 단색광을 두 개의 유리판에 비추면, 어둡고 밝은 띠를 볼 수 있지. 이런 띠가 만들어지는 까닭은 유리판 사이에 있는 공기의 윗부분과 아랫부분에서 반사한 파동들이 서로 간섭하기 때문이야.

　그림 (나)에서 반사광은 두 개의 다른 경로를 거쳐 눈으로 오게 돼. 아래쪽에 있는 유리판에서 반사되어 오는 빛이 조금 더 멀리 갔다가 눈으로 오게 되지. 위쪽 유리면에 반사하는 빛과 아래쪽 유리면에서 반사하는 빛의 경로차가 반 파장만큼 차이가 나면 보강간섭이 일어나서 밝은 무늬가 만들어져. 바로 옆에는 경로차가 한 파장만큼 차이가 나서 상쇄간섭을 일으키므로 어두운 무늬가 나타날 거야.

　이와 같이 간섭조건이 달라지는 이유는 경계면에서 반사할 때 위상의 변화가 달라지기 때문이야. 빛이 반사할 때 공기(소한 매질)에서

(가)

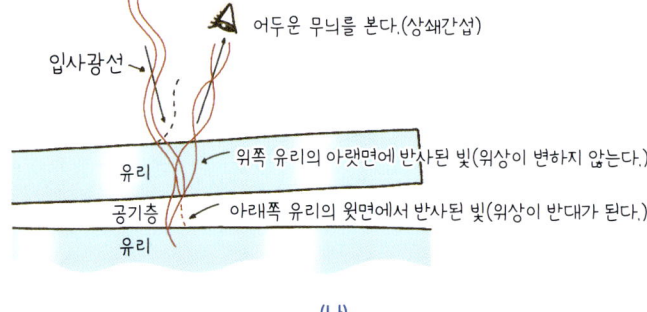

(나)

유리(밀한 매질)로 진행하다가 반사하는 경우 고정단 반사이므로 위상이 반대로 변하지만, 유리에서 공기로 진행하다가 반사하는 경우 자유단 반사이므로 위상이 변하지 않기 때문이지.

단일 슬릿에 의한 빛의 회절

○ 파동은 회절을 통해 장애물의 주위를 감싸면서 퍼지는데, 이것에 대해 좀 더 자세히 살펴보자.

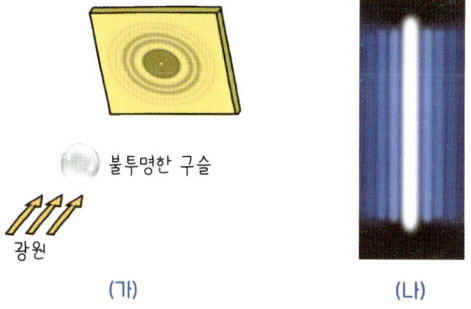

(가)　　　　　(나)

그림 (가)는 레이저에서 나온 빛을 불투명한 구슬에 비춘 모습이야. 밝은 점이 그림자의 중앙에 나타나는 것이 선명하게 보이고 밝고 어두운 줄무늬가 그림자 주위에 생긴 것을 알 수 있어. 이것은 이중 슬릿에서의 간섭무늬와 비슷한데 이 무늬는 구슬 주위에서 회절된 빛이 간섭을 일으키면서 발생한 거야.

이것은 회절과 관련하여 가장 유명한 현상이야. 가운데 어두운 점이 나타나야 할 것 같은데 밝은 점이 생긴다는 것이 신기하지. 가운데의 밝은 점을 프레넬 점(fresnel point)이라고 해.

회절무늬는 앞의 그림 (나)와 같이 좁은 틈(슬릿)에 비춰질 때도 나타나. 이런 무늬를 일상생활에서 자주 보지 못하는데, 그 이유는 광원에 해당하는 빛이 레이저와 같은 간섭성 빛이 아니거나, 다른 광원에서 나온 빛이 회절무늬를 없애버리기 때문이지.

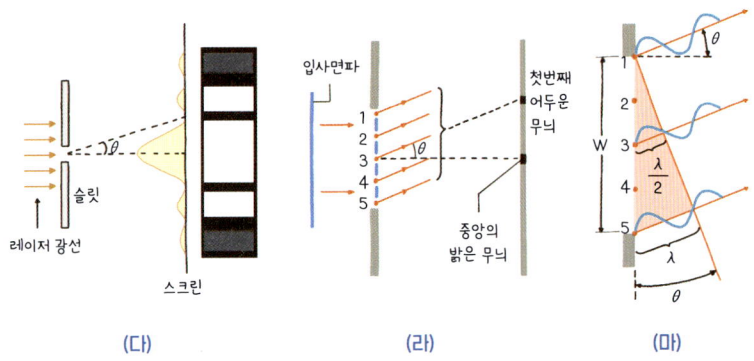

(다) (라) (마)

그럼, 이제 회절무늬가 어떻게 나타나는지 알아보자.

그림 (다)는 회절무늬를 알아보기 위한 단일 슬릿 실험 장치야. 빛은 좁은 슬릿의 크기에 비해 슬릿으로부터 매우 먼 스크린에 도달하게 되므로 평행하게 진행한다고 볼 수 있어.

그림 (라)는 좁은 슬릿을 통과하는 무수히 많은 빛들 중 일부를 나타낸 모습이야. 이 빛들은 모두 같은 위상을 가지므로, 스크린의 중앙에는 밝은 무늬가 생기게 되지.

그림 (마)를 보면 첫 번째 어두운 무늬가 생기는 과정을 알 수 있어. 슬릿 맨 위를 지나는 광선이 슬릿 맨 아래를 지나는 광선보다 정확하게 한 파장 더 이동하는 경우(각 θ)를 봐봐. 이때 슬릿의 한가운데를 지나는 광선은 맨 아래를 지나는 광선보다 정확하게 반 파장만큼 더 이동하게 되고, 이 두 광선은 정확하게 반대 위상을 갖게 되므로 스크린 상에서 상쇄간섭을 일으키는 거야. 슬릿 맨 아래보다 약간 위쪽을 지나는 광선에 대해서도 마찬가지로 슬릿 한가운데보다 약간 위쪽을 지나는 광선과 상쇄간섭이 일어나고, 이렇게 되면 슬릿의 아래쪽 반을 지나는 광선은 슬릿의 위쪽 반을 지나는 광선과 모두 상쇄돼. 따라서 스크린 상에서 빛의 세기는 0이 되어 어두운 무늬가 나타나는 거야.

이를 빛의 이중 슬릿에 의한 간섭실험의 경로차를 활용하여 수식으로 나타내면 다음과 같아.

어두운 무늬 : $d\sin\theta = m\lambda\ (m = 1, 2, 3 \cdots)$

중앙에는 넓고 밝은 무늬가 나타나고, 그 주위에 어두운 무늬와 밝은 무늬가 교대로 나타나게 돼. 이때 밝은 무늬 위치는 대략 어두운 무늬의 중간 지점이며 중앙의 밝은 무늬 폭은 주변 밝은 무늬 폭의 두 배가 되지.

편광과 홀로그램

○ **편광** 빛은 파동의 형태로 전파되는데 빛이 종파가 아니라 횡파라는 사실이 편광 현상에 의해 증명되었어.

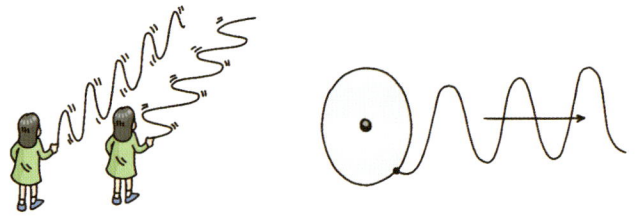

그림과 같이 수평으로 놓인 밧줄의 끝을 붙잡고 흔들면 횡파가 밧줄을 따라 전파되지. 밧줄을 상하로 흔들면 수직으로 편광된 파

동이, 밧줄을 좌우로 흔들면 수평으로 편광된 파동이 나타나. 이와 같이 편광이란 파동의 진동 방향을 의미해.

진동하는 하나의 전자는 편광이 되어있는 전자기파를 방출하지. 수직으로 진동하는 전자로부터는 수직으로 편광된 전자기파가 만들어지는 반면에 수평으로 진동하는 전자로부터는 수평으로 편광된 빛이 만들어져.

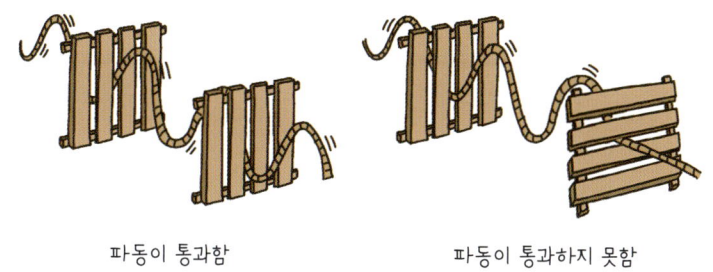

파동이 통과함 파동이 통과하지 못함

밧줄을 진동시킬 때 그림과 같은 한 쌍의 나무 울타리를 통과하는 경우를 생각해 보자. 나무 울타리축이 나란하면 밧줄의 진동이 통과하지만, 나무 울타리축이 수직이면 밧줄의 진동은 통과하지 못하게 되지.

빛의 경우도 마찬가지야. 백열등이나 형광등, 촛불, 태양 등의 일반적인 광원에서 나오는 빛은 편광된 빛이 아니야. 이는 빛을 방출하는 전자들의 진동 방향이 무질서하기 때문이지. 이런 광원에서 방출된 빛을 나무 울타리축과 같은 편광 필터에 통과시키면 편광된 빛이 돼. 여기서 편광 필터는 편광된 빛의 진동 방향과 같은 방향의 편광축을 가지고 있다고 말하지.

 자연광은 임의의 방향으로 편광된 빛으로 이루어져 있어서 각각의 편광 방향이 서로 수직인 두 성분으로 분해될 수 있어. 평균적으로, 편광되지 않은 빛은 동일한 세기를 갖는 두 개의 서로 수직인 편광된 빛으로 생각할 수 있지. 편광되지 않은 빛이 편광판을 통과하면 한 성분은 제거되므로(즉, 절반만 통과하므로) 빛의 세기는 절반이 되지.

$$I = \frac{1}{2}I_0$$

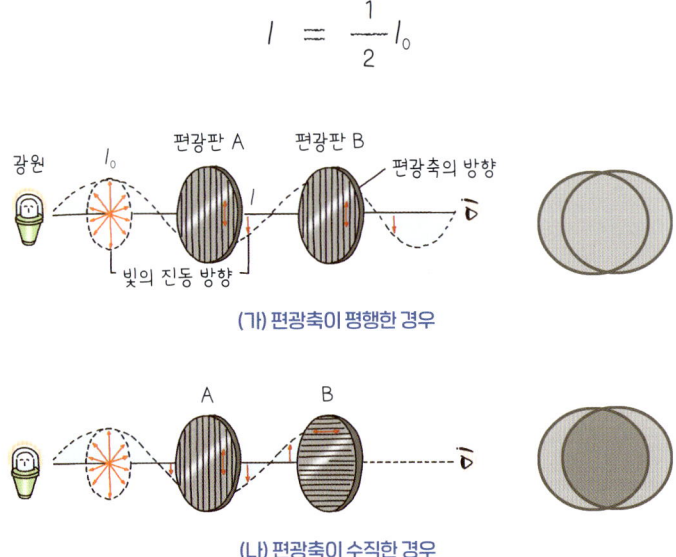

(가) 편광축이 평행한 경우

(나) 편광축이 수직한 경우

 유리나 물, 도로와 같은 비금속 물체의 표면에서 반사되는 빛은 주로 반사면과 같은 수평 방향으로 편광되어 있어.
 이와 같은 원리를 응용한 편광 선글라스는 편광축이 수직으로 되어 있어서, 눈이 부신 날이나 해변가에서도 강한 자외선으로부터 눈을 보호해주고 눈부심없이 밝은 시야로 볼 수 있도록 도움을 주는 거야.

• **편광과 입체 영상** 3차원 입체 영상이 생기는 것은 한 장면을 바라보는 두 눈이 조금 다른 시각으로 (거의) 동시에 시각 정보를 받아들이기 때문이야.

자, 지금 바로 오른손 검지를 눈과 눈 사이의 10cm 앞에 세워놓고 양쪽 눈을 교대로 감아봐. 손가락의 위치는 그대로인데 보이는 위치는 조금씩 다르지? 눈과 뇌의 계는 이 장면들을 합성하여 원근감을 느끼게 하지.

짧은 거리 차이(두 눈의 평균 간격 정도)를 두고 찍은 한 쌍의 사진이나 영화 필름을 바라볼 때 왼쪽 눈으로는 왼쪽 장면만을 보고 오른

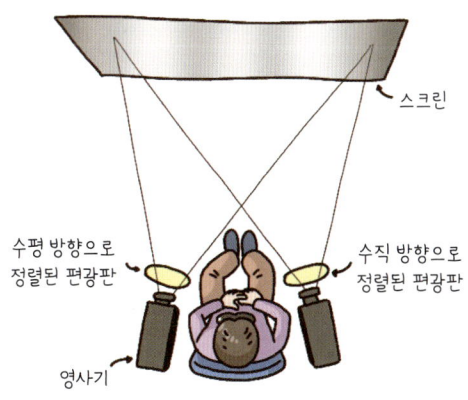

쪽 눈으로는 오른쪽 장면만을 보면 사진을 입체적으로 볼 수 있어.

영화에서는 그와 같은 한 쌍의 장면을 편광 필터를 통해 스크린에 투사함으로써 입체 영상을 얻는 거야.

맨눈으로 보면 영상들이 서로 겹쳐서 흐릿하게 보이기 때문에 입체 영상을 보는 관객은 편광축이 서로 수직으로 놓여 있는 편광안경을 써야만 하지. 이런 방식으로 각각의 눈은 실물을 볼 때와 마찬가지로 서로 다른 장면을 보게 돼. 이 두 장면이 합쳐지면, 사람의 머리에서 입체감이 있는 하나의 상으로 인식하게 되는 거야.

- **홀로그램** 홀로(Holo)라는 말은 그리스어로 '전체'라는 뜻이고 그램(gram)이라는 말은 '메시지' 또는 '정보'라는 뜻이야. 홀로그램은 물체 표면에 관한 모든 정보를 가진 사진을 입체적으로 영상화시킨 것

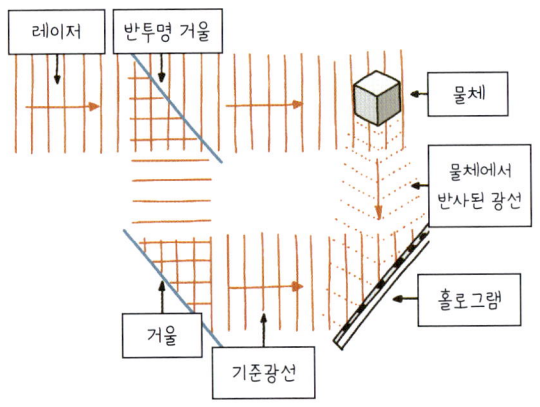

홀로그래피: 홀로그램을 만드는 기술

인데, 맨눈으로 보기에는 상이 맺히지 않은 투명한 필름으로 보이지만 그 표면에 미세한 무늬가 있어. 이 무늬에서 회절된 빛이 실물과 같은 상을 만들게 되는 거지.

홀로그램은 복제하기 힘들어서 신용카드나 지폐 등에도 많이 사용되고 있어.

홀로그램은 하나의 레이저 발생기에서 나온 두 개의 레이저 광선이 사진 필름에서 간섭하여 만들어지는 거야. 두 광선 중 하나는 물체에서 반사한 뒤 필름에 비추어지고, 기준 광선이라고 하는 다른 광선은 거울에서 반사하여 필름에 비추어지지. 옆의 그림을 보며 설명을 읽으면 이해하기가 더 쉬울거야.

물체의 가까운 부분에서 온 빛은 물체의 먼 부분에서 오는 빛보다 짧은 경로를 진행하게 돼. 이런 경로 차이는 기준 광선과 간섭하여 약간씩 다른 간섭무늬를 만들게 되는데, 이런 방법으로 물체에 관한 정보가 기록되는 거야.

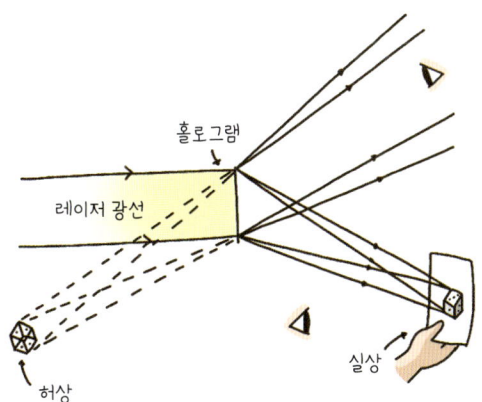

홀로그램에 빛이 비추어지면 그것은 무늬 형태에 따라 회절되어 물체에서 반사된 원래의 파면과 같은 형태의 파면을 만들어내게 돼. 회절된 파면은 원래의 반사된 파면과 같은 효과를 내게 되지. 앞의 그림과 같이 홀로그램을 통한 상(허상)을 볼 때 우리는 마치 거울이나 창을 통해 원래의 물체를 보는 것처럼 실제적인 입체 영상을 보게 되는 것이야.

우리가 머리를 옆으로 움직여 물체의 옆면을 볼 때 또는 머리를 수그려 물체의 밑면을 볼 때 우리 눈에 보이는 모습은 분명히 달라. 그런 면에서 홀로그램에 의한 영상은 실물과 흡사해. 또한 홀로그램에 의해 만들어지는 실상도 스크린을 갖다 대면 확인할 수 있어.

재미있는 것은 홀로그램이 필름에 만들어지면 그것을 반으로 쪼개어도 나머지 반만으로 전체 상을 볼 수 있다는 거야. 다시 그것을 반씩 쪼개어도 여전히 전체 상을 볼 수 있는데, 이것은 마치 창문을 통해 밖을 내다볼 때 어느 부분을 통해 보아도 똑같이 보이는 것과 같다고 할 수 있어. 홀로그램의 모든 부분이 물체 전체에서 오는 빛을 받아들이고 기록하는 것이지.

더 재미있는 것은 홀로그래피적인 확대야. 짧은 파장의 빛으로 만들어진 홀로그램은 긴 파장의 빛으로 보면 그때 보이는 상은 그 파장과 같은 비율로 확대가 돼. X선으로 만들어진 홀로그램을 적절한 장치를 이용하여 가시광선으로 본다면 수천 배로 확대된 상을 볼 수 있을 거야.

아직까지 X선 홀로그램이 만들어지진 않았지만, 오늘날 매우 빠른 속도로 발전하고 있는 과학 기술을 보면 X선 홀로그램을 볼 수 있는 날도 그리 멀진 않은 것 같아.

내용을 잘 이해했는지 확인해볼까?

※ 정답은 370쪽에

1 단일 슬릿에 단색광의 빛을 비추고 슬릿으로부터 약간 떨어진 곳에 스크린을 설치하여 스크린에 나타난 회절 무늬를 관찰하였다. 그림은 스크린에 나타난 간섭무늬를 나타낸 것이다. 중앙의 밝은 무늬의 간격을 W라 할 때 W를 증가시키기 위한 방법으로 타당한 것을 모두 제시하시오.

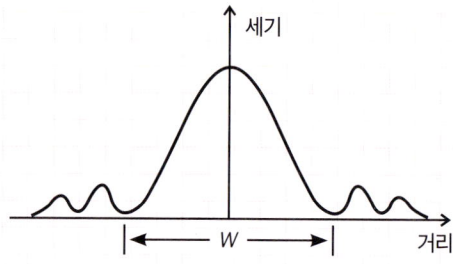

2 그림과 같이 진공 중에 있는 굴절률 n인 얇은 막에 파장 λ인 빛이 수직으로 입사할 때 막 외부와 막 내부에서 반사된 두 빛이 보강간섭을 이루기 위한 막의 최소 두께는 얼마인가?

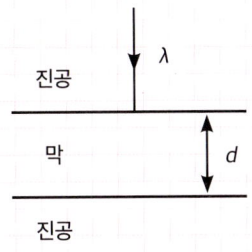

3 그림과 같은 단일 슬릿에서 $\overline{CE} = \lambda, \frac{3}{2}\lambda$인 경우 스크린 위의 점 P가 각각 어둡고 밝게 되는 이유를 서술하시오.

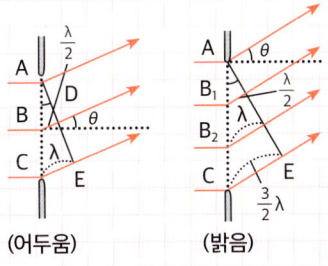

4 그림과 같은 영의 실험에서 파장 λ인 빛이 스크린 위에 밝고 어두운 줄무늬를 만들었다. 다음 물음에 답하시오.

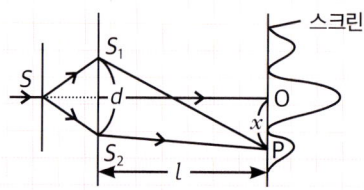

1) 이 현상을 설명할 수 있는 파동의 성질을 설명하시오.

2) 위 그림에서 밝은 무늬 사이의 간격을 구하시오.

3) 위 실험을 굴절률이 $n = \frac{4}{3}$ 인 물속에서 했다면 밝은 무늬 사이의 간격은 처음의 몇 배가 되겠는가?

5 쌍안경이나 현미경에 사용되는 렌즈는 입사된 광선이 아주 많이 투과되도록 렌즈 앞에 그림과 같이 투명하고 얇은 막을 입히는 경우가 있다. 그 이유를 설명하시오.

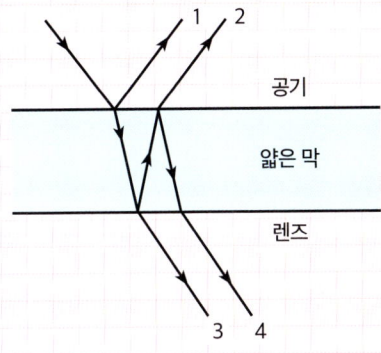

조금 더 어려운 문제들도 한번 풀어볼까?

* 정답은 371쪽에

6 그림과 같이 슬릿 간격 d가 5×10^{-4}m인 4중 슬릿에 파장이 6×10^{-7}m인 단색 평면파가 입사하여 거리가 1m 떨어진 스크린에 간섭무늬를 만들었다. 스크린 중앙의 밝은 점 Q에서 첫 번째 어두운 무늬가 나타나는 점 P까지의 거리 x는 얼마인가?

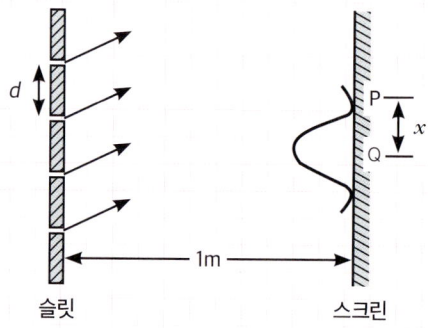

7 세 편광판 A, B, C가 지면에 수직으로 그림과 같이 놓여 있다. 편광판 A, C의 투과축은 서로 수직이고 편광판 자체에 의한 빛의 흡수는 무시한다.

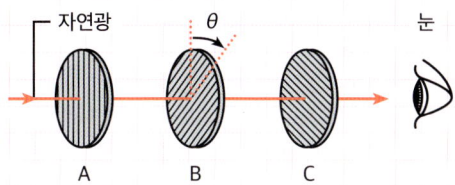

1) 편광판 B를 회전시킬 때 세 편광판을 지난 빛의 최대 세기는 처음의 몇 배인가?

2) 편광판 B를 1회전시키는 동안 몇 번 어둡게 보이는가?

창의적으로 생각하고 해결하는 문제에도 도전해보자

＊ 정답은 372쪽에

8 기체의 굴절률은 1에 가깝기 때문에 광선의 굴절각을 측정하여 기체의 굴절률을 구하는 것은 불가능하다. 그림과 같이 슬릿 P에서 나온 파장이 6×10^{-7}m인 단색광이 렌즈 L을 통과하여 슬릿 S_1, S_2를 지나 평행광선이 되어 길이 0.1m인 두 진공관 T_1, T_2로 들어간다.

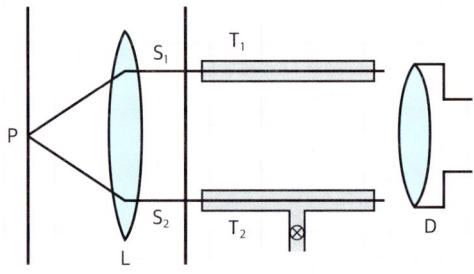

이 두 광선을 D에서 관측하면 처음에는 밝게 보이지만 T_2에 기체를 조금씩 넣으면 관측되는 빛은 어두워졌다가 밝아졌다가를 반복한다. 기체의 압력이 1기압이 될 때까지 D에서 관측된 간섭은 50회 반복했다. 1기압에서 이 기체의 굴절률은 얼마인가?

PART 6

보이는 모습이
전부는 아니다

빛과 물질의 이중성 교실

플랑크의 양자가설

도자기를 굽는 장인은 가마 속의 색깔을 보고 온도를 짐작하고, 대장장이는 쇠붙이의 색깔을 보고 쇠붙이의 온도를 짐작하지. 금속을 뜨겁게 가열하면 처음에는 벌겋게 달궈지다가 차츰 노랗게 변하고, 온도가 더 높아지면 하얗게 변

(가) 가마

(나) 용광로 쇳물

PART 6_보이는 모습이 전부는 아니다

해. 즉, 금속을 가열하면 온도가 높아짐에 따라 붉은색에서 노란색, 흰색으로 변해간다는 말이야.

옛날에는 장인들이 체험적으로 알게 된 지식을 이용해서 필요한 물건을 소량씩 만들어서 사용하곤 했는데, 산업시대가 도래하면서 물건의 대량 생산이 필요해졌고 그에 따라 체계적인 방식으로 물건을 제작해야만 하게 되었어. 20세기에 들어서 물체의 온도와 색깔의 관계를 알아내는 것에 많은 관심을 가지기 시작했던 것도 제품 생산을 위한 체계를 가지기 위해 필요한 부분이었다고 볼 수 있지.

(가열된) 물체의 색깔이 온도에 따라 다르게 보이는 까닭은 방출하는 전자기파 중에서 에너지 세기가 가장 큰 전자기파의 파장이 온도에 따라 달라지기 때문이야.(2권, 399쪽_스펙트럼 참고)

이러한 물체의 온도, 전자기파의 파장, 전자기파의 에너지의 관계에 대한 탐구를 흑체복사 연구라고 해. 흑체란 입사하여 들어오는 모든 전자기파를 파장에 관계없이 모두 흡수하는 이상적인 물체를 말해. 모든 전자기파를 흡수하여 반사되는 빛이 없어지므로 검게 보인다

(가) 흑체 내부에 들어온 전자기파가 운동하는 모습

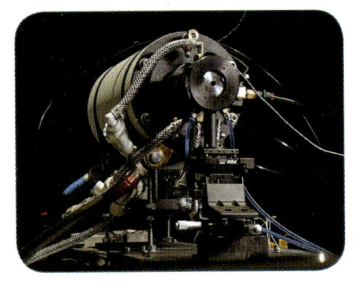

(나) 흑체복사 실험 장치

출처_ wikimedia commons(Lumin forum)

고 해서 검은 물체라는 뜻의 이름이 붙게 되었지. 이러한 흑체가 열적 평형상태에서 전자기파를 방출하는 것을 흑체복사라고 하는 거야.

흑체복사에 대한 연구는 다음과 같은 결과를 도출하게 되었어. 파장에 따른 복사에너지의 세기와 흑체의 온도에 따른 복사에너지 분포에 대해 더 정밀하게 알 수 있게 된 것이지.

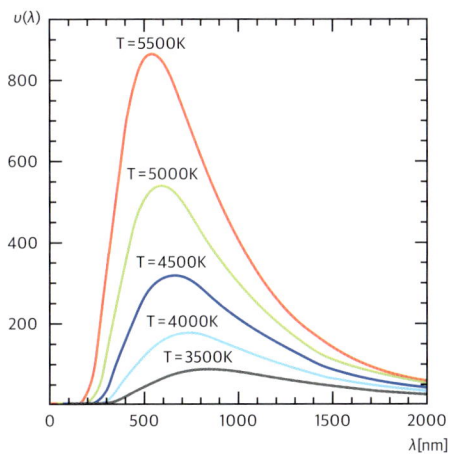

흑체복사 스펙트럼

이러한 흑체복사 현상에 대한 실험 결과는 두 가지 법칙으로 정리되었어. 첫 번째는 1879년에 슈테판과 볼츠만이 실험적으로 발견하여 열복사 연구에 중요한 계기가 된 법칙인데, 온도 T인 흑체(black body)의 단위면적에서 단위시간에 방출되는 복사에너지는 표면온도의 네 제곱에 비례한다는 법칙이야.(2권, 034쪽_열은 어디에서 와서 어디로 갈까 참고)

$$u = \sigma T^4$$

여기서 T는 물체 표면의 절대온도를 뜻해. 이때 비례상수 σ를 슈테판-볼츠만 상수라고 하는데, 5.67×10^{-8} W/m$^2 \cdot$K^{4}의 값을 가져.

곧이어 1893년에는 독일의 빌헬름 빈이 슈테판-볼츠만 법칙을 보다 일반적인 방법으로 유도하는 한편, 흑체로부터 방출되는 복사에너지 밀도가 최대로 되는 파장이 절대온도에 반비례한다는 빈의 법칙을 발표했어.

$$\lambda \cdot T = 2.898 \times 10^{-3} \text{m} \cdot K$$

온도가 높을수록 흑체에서 방출되는 최대 세기의 빛이 빨간색에서 보라색 쪽으로 이동한다는 것이지.

이러한 실험 결과를 이론적으로 설명하려는 많은 연구들이 있었어. 영국의 물리학자 레일리와 진스는 흑체 내부 공간에서 전자기파가 정상파를 이룬다고 가정하고, 정상파의 파장에 따른 에너지 분포를 계산했어. 그들의 계산 결과는 파장이 긴 영역에서는 실험 결과와 일치하였으나 파장이 짧은 영역에서는 실험 결과를 전혀 설명할 수 없었어. 이와 같이 파장이 짧은 영역에서 실험 결과를 설명할 수 없는 문제점을 자외선 파탄이라고 해.

고전적인 파동이론에 따라 계산한 파동의 에너지는 진동수의 제곱에 비례하므로(파장의 제곱에 반비례) 흑체 내부에서 정상파의 파장이 짧아지면(진동수가 증가하면) 에너지가 무한대(∞)가 되므로 실험 결과를 설명할 수 없었던 거야.

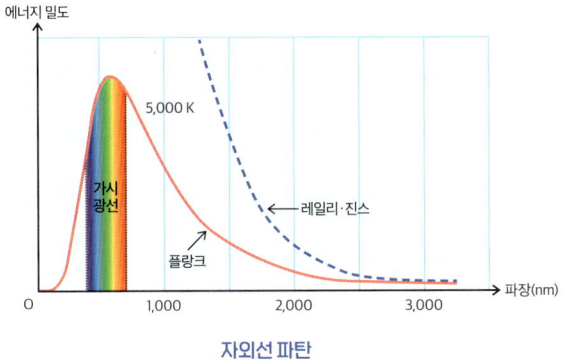

1900년에는 플랑크가 앞선 두 가지 실험 및 이론을 설명하는 복사법칙을 발표했어. 플랑크는 복사에너지가 연속적인 값을 갖는 것이 아니라 hf의 정수배를 갖는, 불연속적으로 양자화되어 있다는 가정을 했어. 플랑크가 가정한 전자기파의 에너지는

$$E = nhf \, (단, \, n = 1, 2, 3, \cdots)$$

이야. 여기서 h를 플랑크 상수라고 하는데, $6.63 \times 10^{-34} \, J \cdot s$이고, f는 전자기파의 진동수야.

이러한 가정은 당시 독일에서 최고의 석학이었던 자신조차도 이해할 수 없었을 뿐만 아니라 맞을 거라는 생각도 할 수 없는 것이었어. 이것은 단순히 문제를 해결하기 위한 가정에 불과한 것으로 당시의 물리학으로는 설명이 불가능한 혁명적인 아이디어였던 거지.

그 가정의 핵심 내용은 '흑체는 전자기파의 에너지를 hf의 정수

배로 흡수하거나 방출한다'는 거였는데, 이러한 가설을 바탕으로 레일리와 진스가 설명하지 못한 파장에 따른 복사에너지 분포를 완벽하게 설명할 수 있었어. 이 아이디어를 플랑크의 양자가설이라고 하고, 결과적으로 이것은 1905년에 아인슈타인이 발표한 광량자설의 힌트를 제공한 셈이야.

빛은 입자일까?

19세기 말, 물리학계의 풀리지 않는 중요한 문제는 빛에 대한 것이었어. 그 중 하나는 흑체복사를 설명하는 것이었고, 또 다른 하나는 광전효과를 설명하는 것이었지.

흑체복사 문제를 풀기 위해 플랑크는 전자기파가 hf 단위의 불연속적인 에너지 덩어리라는 양자가설을 제안했어.

또 다른 문제인 광전효과는 금속에 자외선과 같은 높은 에너지의 빛을 쪼이면 금속 표면에서 즉각적으로 전자(광전자)가 튀어 나가는 현상인데, 이 실험 결과를 당시의 물리학으로 설명하지 못하고 있었어.

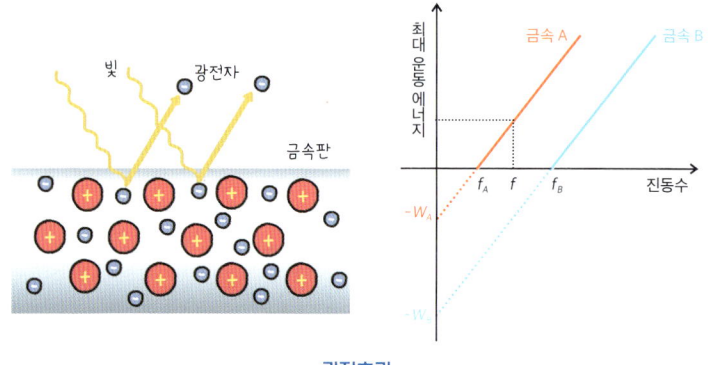

광전효과

위의 그림은 빛의 진동수에 따른 광전자의 최대 운동에너지 관계를 그래프로 나타낸 거야. 그래프를 통해 실험 결과를 정리하면 다음과 같이 몇 가지로 정리할 수 있어.

- 광전자는 특정한 진동수 이상의 빛이 쪼여질 때에만 방출되는데, 이 특정한 진동수를 문턱 진동수(한계 진동수)라고 한다.
- 금속의 종류에 따라 문턱 진동수가 달라지는데, 금속 A의 문턱 진동수는 f_A이고, 금속 B의 문턱 진동수는 f_B이다.
- 문턱 진동수 이하의 빛은 세기가 아무리 강해도 광전자를 방출시키지 못하고, 방출된 전자의 최대 운동에너지는 빛의 세기에는 전혀 관계가 없고 빛의 진동수에 따라 달라진다.
- 그래프의 기울기는 금속에 상관없이 h로 일정하다.
- 아무리 약한 빛이어도 문턱 진동수 이상의 빛을 금속에 쪼이면 즉각 광전자가 방출된다.

아인슈타인은 이러한 실험 결과를 이론적으로 설명하기 위해 빛이 입자라는 광량자설을 주장했어. 아인슈타인이 주장한 광량자설은 다음과 같이 요약할 수 있지.

- 광량자의 에너지: $E = hf = \dfrac{hc}{\lambda}$
- 광량자의 운동량: $p = \dfrac{hf}{c} = \dfrac{h}{\lambda}$

광량자의 에너지는 플랑크가 주장한 빛의 에너지가 양자화되어 있음을 기반으로 한 것이고, 광량자가 운동량을 갖는다는 점이 결정적으로 빛이 입자라는 것을 주장한 셈이야. 왜냐하면 운동량이라는 물리량은 입자의 운동에서만 정의될 수 있는 양이기 때문이지. 당시의 물리학 지식으로 볼 때 광(량)자설은 그야말로 모순에 가득 찬 가정이었어.

아인슈타인은 금속에 빛이 쪼여지는 상황을 광(량)자와 전자의 충돌로 단순화했고, 그 상황에서 역학적 에너지가 보존된다는 가정을 바탕으로 이론을 전개하여 광전효과 실험을 완벽하게 설명했어.

다음에 나오는 그림은 아인슈타인의 설명을 개념적으로 그린 것인데, 에너지가 hf인 광자가 질량이 m인 전자와 충돌하여 에너지 장벽 W를 극복하고 금속 표면에서 탈출하는 것을 나타내고 있어. 여기서 에너지 장벽 W를 일함수라고 하는데, f_0를 문턱 진동수라고 할 때 $W = hf_0$야.

이와 같이 전자가 금속 표면에서 탈출하는 상황을 에너지 보존 법칙을 적용하여 나타내면

전자의 최대 운동에너지 = 광자의 에너지 - 일함수

이고, 이 관계를 식으로 쓰면

$$\frac{1}{2}mv^2 = hf - W = hf - hf_0$$

가 되지.

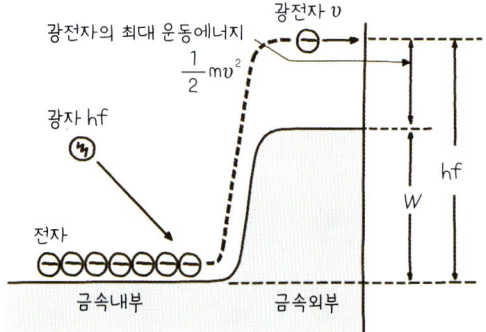

광전효과 해석

광(량)자설의 입증

아인슈타인의 설명이 광전효과에 대한 실험 결과를 잘 설명하기는 했지만, 기본 전제인 광량자에 대한 본질적인 의문을 해소하지는 못했어. 그래서 아인슈타인 스스로도 광량자설을 입증하는 실험의 결과가 나오기를 매우 기다렸다고 해.

그리고 마침내 1923년에 그 실험의 결과가 나오게 되었지!

미국의 물리학자 콤프턴은 흑연을 이루고 있는 탄소 원자에 X선을 쪼였어. 그리고 X선이 전자에 의해 어떻게 산란되는지를 실험했지. 실험의 핵심은 X선이 거의 정지해 있는 전자에 의해 어떻게 산란되는지를 측정하는 거야.(X선 에너지로 볼 때 탄소 원자의 전자는 결합에너지가 매우 작아서 자유 전자나 마찬가지야.)

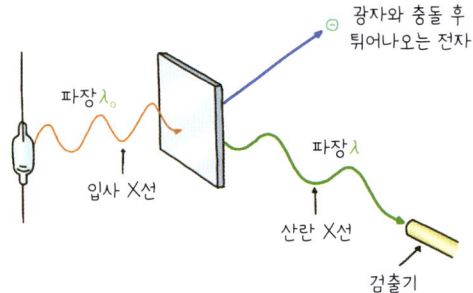

콤프턴 실험

X선이 파동이라면 빛의 회절이론에 따라 산란된 X선의 파장은 입사한 X선의 파장과 같아야 해. 하지만 실제 실험 결과는 산란된 X선의 파장이 입사한 X선의 파장보다 길게 나타났고, 산란된 각도가 클수록 파장이 더 길어졌지. 입사하는 X선의 파장을 λ_0, 산란된 X선의 파장을 λ, 전자의 질량을 m, X선의 산란각을 θ라고 할 때 운동량 보존법칙과 역학적 에너지 보존법칙을 적용하여 구한 결과는 다음과 같아.

$$\lambda - \lambda_0 = \frac{h}{mc}(1-\cos\theta)$$

물론 이러한 이론적인 결과가 실험 결과와 정확하게 일치하여 놀라움을 주었어. 위의 결과는 산란각도(θ)에 따라 X선의 파장이 달라지는 것을 보여주고 있어.

X선이 전자에 의해 산란되지 않고 통과하는 경우($\theta=0$), $\lambda=\lambda_0$로

산란 후 파장의 변화는 없어. 이에 비해 X선이 정반대 방향으로 산란되는 경우($\theta=180°$), $\lambda = \lambda_0 + \frac{2h}{mc}$로 파장의 변화량이 가장 크게 나타나지. 파장의 변화량을 구체적으로 계산해보면

$$\frac{2h}{mc} = \frac{2 \times 6.63 \times 10^{-34}}{9 \times 10^{-31} \times 3 \times 10^8} = 4.9 \times 10^{-12} m$$

인데, 이 양은 입사한 X선 파장에 비해 상당히 작은 양이야.

콤프턴은 이 실험 결과를 설명하기 위하여 X선을 파동이 아닌 입자(광자)로 가정하였고, 역학적 에너지 보존과 운동량 보존법칙을 적용하여 광자와 전자의 충돌 문제를 풀어서 실험 결과를 정확하게 설명했어. 콤프턴의 산란 실험에 대한 해석은 아인슈타인의 광량자설이 물리학적으로 타당함을 입증하는 놀라운 것이었지.

결과적으로 빛의 운동량은 $p = \frac{h}{\lambda}$인데, 이 공식에서 운동량을 파장으로 나타낸 것이 충격적이라는 거야. 운동량은 입자의 물리량이고, 파장은 파동의 물리량인데 이 두 가지 물리량은 기존의 물리학에서는 서로 양립할 수 없는 양이야. 다른 측면에서 보면 이 모순된 공식은 빛이 입자적 성질과 파동적 성질이 있는 존재임을 묵시적으로 드러낸 거라고도 볼 수 있어.

전자는 파동일까?

아인슈타인의 광량자설이 콤프턴에 의해 입증된 후 프랑스 물리학자 드브로이는 아인슈타인의 빛의 이중성에 대한 개념을 물질에까지 확장하는 물질파 이론을 주장했어.

드브로이는 입자로 간주되고 있는 전자도 파동적 성질을 지닐 수 있다는 가설을 과감하게 주장했지. 광량자설에서 빛의 운동량이 $p = \frac{h}{\lambda}$ 로 주어지는 것과 유사하게, 질량이 m이고 속력이 v인 전자의 파장이

$$\lambda = \frac{h}{p} = \frac{h}{mv}$$

이 됨을 주장한 거야.

이 파장을 드브로이 파장이라고 하는데, 어떤 실험적 근거가 있는 것은 아니고, 단지 아인슈타인의 이중성 개념을 물질에까지 일반화한 가설이었던 거지.

그런데 좀 이상하지? 전자는 질량을 가지고 있는 존재인데... 전자를 파동이라고 하면 전자가 이동한다는 것은 에너지가 전달되는 것에 불과한 것이잖아. 그러면 질량은 어떻게 된 거야.

바로 이 문제는 아인슈타인의 질량-에너지 관계인 $E = mc^2$을 이용해서 개념적으로 해결할 수 있었지. 즉, 파동 에너지의 이동은 질량의 이동으로 해석할 수 있다는 거지.

그러면 이제 구체적으로 운동하는 물체의 물질파 파장을 구해볼까? 예를 들어 질량이 0.14kg인 야구공을 30m/s로 던졌을 때 야구공의 드브로이 파장은 다음과 같이 구할 수 있어.

$$\lambda = \frac{h}{mv} = \frac{6.63 \times 10^{-34}}{0.14 \times 30} = 1.58 \times 10^{-34} \text{m}$$

이 계산 결과는 야구공의 드브로이 파장이 너무 작아서 파동적 성질을 관찰한다는 것이 불가능함을 보여주고 있어. 이에 비해 정지 상태에 있는 전자를 54V의 전압으로 가속하는 경우 전자의 드브로이 파장은 다음과 같이 구할 수 있지.

$$E_k = \frac{1}{2}mv^2 = eV$$

$$mv = \sqrt{2meV} = \sqrt{2 \times 9.11 \times 10^{-31} \times 1.6 \times 10^{-19} \times 54} \simeq 4 \times 10^{-24} \text{kg·m/s}$$

$$\lambda = \frac{h}{mv} = \frac{h}{\sqrt{2meV}} = \frac{6.63 \times 10^{-34}}{4 \times 10^{-24}} = 1.7 \times 10^{-10} \text{m}$$

전자의 경우 54V라는 낮은 전압으로 가속시켜도 파장이 원자의 크기와 비슷하다는 것을 알 수 있어. 즉, 전자가 파동적 성질을 갖는다면 원자에 의해 회절될 것이라는 예상을 할 수 있는 것이지. 1927년에 데이비슨과 거머는 바로 이런 점에 주목하여 니켈 결정에 낮은 전압으로 가속된 전자선을 쪼였더니 특정한 각도로 전자가 많

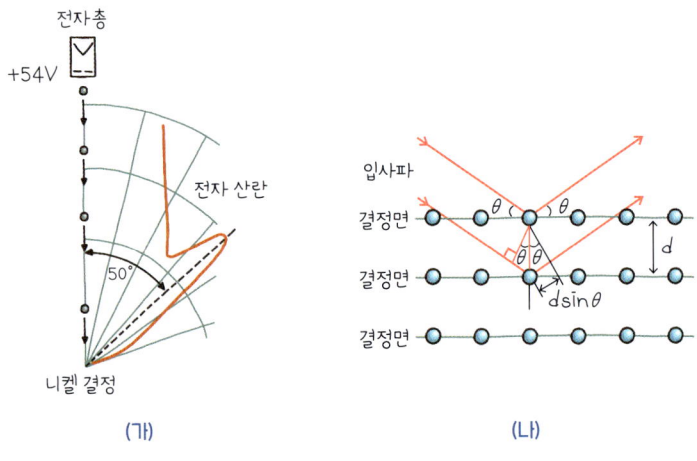

데이비슨과 거머의 전자 회절 실험

이 산란하는 것을 발견했어. 즉, 드브로이의 물질파 이론을 실험적으로 증명한 거였어.

그들은 마치 X선이 결정 표면에서 반사할 때 회절하는 것과 같이 전자도 회절하는 것이라고 생각했어.

파동이론에 따르면 결정 간격이 d이고 파장이 λ인 파동이 결정면에 대하여 θ로 반사할 때 파동이 보강될 조건은

$$2d\sin\theta = m\lambda \,(단, m = 1, 2, 3 \cdots)$$

인데, 이론적으로 계산한 결과와 실험결과가 일치함을 확인함으로써 드브로이의 물질파 이론이 옳음을 입증했어.

전자 현미경
(electron microscope)

드브로이의 물질파 이론의 최대 성과 중의 하나는 전자 현미경의 발명이야. 전자의 경우 전하를 띠고 있어서 전기장으로 운동량을 조절하기가 쉬운데, 이로 인해 드브로이 파장을 쉽게 변화시킬 수 있거든.

예를 들어 정지 상태에서 전압 V로 가속된 전자의 운동에너지는 전기장이 전자에 한 일과 같으므로

$$\frac{1}{2}mv^2 = eV$$

이고, 운동량은

$$p = mv = \sqrt{2meV}$$

가 되지. 따라서 전자의 드브로이 파장은

$$\lambda = \frac{h}{p} = \frac{h}{\sqrt{2meV}}$$

가 되어, 가속전압이 증가할수록 드브로이 파장이 짧아져. 우리가 원하는 파장을 얻기 위해서는 가속전압을 조절하면 돼.

앞에서 54V로 전자를 가속했을 때 드브로이 파장은 1.7×10^{-10}m 였잖아. 이러한 파장은 빛으로 보면 X선의 파장 영역에 해당하는 것으로, 광자의 에너지로 환산하면

$$E = \frac{hc}{\lambda} = \frac{6.63 \times 10^{-34} \times 3 \times 10^8}{1.7 \times 10^{-10}} = 1.17 \times 10^{-15} J = 7,300 eV = 7.3 keV$$

을 구할 수 있어. 즉 전자를 7.3kV로 가속시켜서 금속판에 충돌시킬 때 발생하는 빛의 에너지에 해당해. 이와 같이 전자를 가속시켜 얻은 드브로이 파장을 활용하면 X선을 발생시키는 것보다 에너지도 훨씬 적게 들고, 조절도 가능하다는 장점이 있어.

전자 현미경과 광학 현미경의 가장 큰 차이는 유리로 된 렌즈 대신에 자기렌즈(magnetic lens)를 사용하는 거야.

전자 현미경은 전자 빔을 굴절시키는 자기렌즈가 핵심인데, 자기렌즈는 코일이 감아진 원통형 전자석으로 되어 있어. 전자가 자기장에 의해 진행 경로가 휘어지는 성질을 이용하여 전자를 초점에 모으는 역할을 하지. 전자 현미경은 이러한 자기렌즈를 이용하여 광학 현

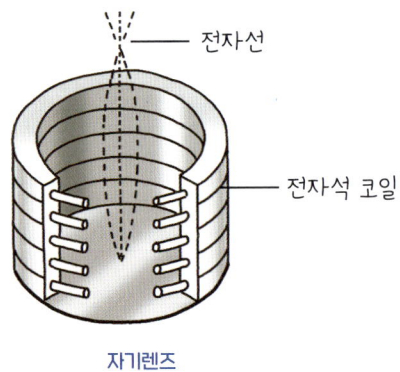

자기렌즈

미경처럼 물체를 확대하여 볼 수 있는 거야.

파장이 1nm이하인 전자의 물질파를 이용한 전자 현미경의 배율은 수백만 배야. 광학 현미경은 가시광선(~10^{-7}m)을 사용하는데, 최대 배율이 대략 2,000배 정도이지.

- **주사 전자 현미경(Scanning Electron Microscope)** 그림 (가)와 같은 주사 전자 현미경은 전자선을 시료 전체 표면에 차례로 쪼일 때 시료에서 튀어나오는 전자를 측정하여 시료의 영상을 관찰하는 전자 현미경이야. 주사 전자 현미경은 전자가 시료를 통과하는 것이 아니라 초점이 잘 맞추어진 전자선을 시료의 표면에 차례대로 주사하는 거야. 주사된 전자선이 시료의 한 점에 집중되면 표면에서 발생한 2차 전자는 검출기에 의해 수집되지. 검출된 2차 전자에 의해 만들어진 신호를 증폭하여 컴퓨터로 보내면 컴퓨터에서 영상처리를 하여 모니터로 보여주는 거야.

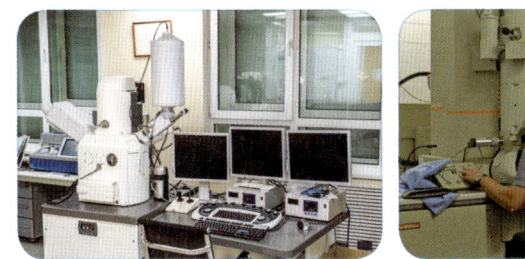
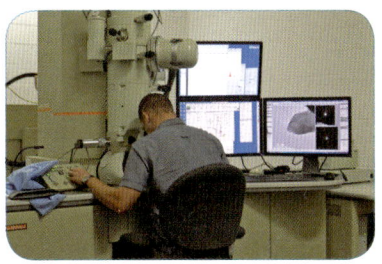

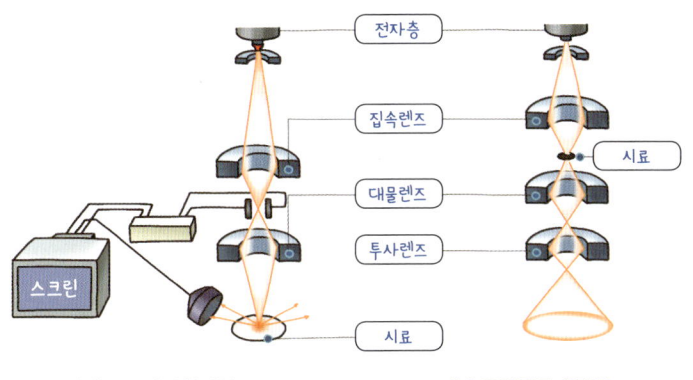

(가) 주사 전자 현미경　　　　　　(나) 투과 전자 현미경

- **투과 전자 현미경(Transmission Electron Microscope)** 그림 (나)는 투과 전자 현미경의 얼개를 나타낸 것인데, 투과 전자 현미경은 전자선이 얇은 시료를 투과하는 현미경이야. 전자선이 시료를 투과하려면 시료의 두께가 매우 얇아야 해. 그렇지 않으면 전자가 시료를 통과하는 동안 속력이 느려져서 드브로이 파장이 길어지므로 분해능이 떨어지게 되고 시료의 영상이 흐릿하게 나타나게 되거든.

　전자총에서 10^5 V 정도로 가속된 전자선이 집속렌즈에 의해 평행하게 진행하여 시료를 투과하고, 시료를 투과한 전자선은 대물렌즈와 투사렌즈를 차례로 지나 화면에 확대된 영상을 만들어. 그림 (다)는 주사 전자 현미경의 영상으로 본 시료 표면의 입체구조야. 그림 (라)는 투과 전자 현미경 영상인데 시료 내부의 미세구조를 잘 보여주고 있지.

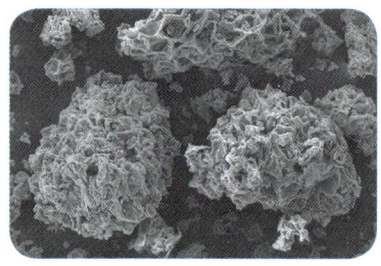
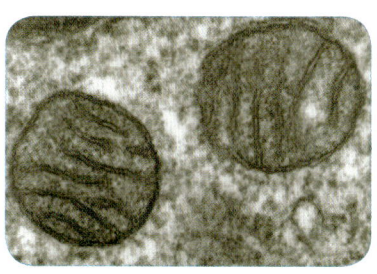

(다) 커피 분말
주사 전자 현미경 사진

(라) 미토콘드리아
투과 전자 현미경 사진

물질의 이중성에 대한 고찰

자연 현상은 물체들의 상호 작용의 결과라고 볼 수 있어. 자연을 이루는 물체는 다양한 모습으로 존재하지만 물질 입자라는 근본 요소들로 이루어져 있지. 세상을 구성하는 근본 요소가 물질 입자라는 거야.

자연 현상이 복잡하게 나타나는 것은 물질 입자들간의 상호작용에 따른 상태의 변화 때문인데, 이것은 원칙적으로 운동에 관한 법칙으로 계산할 수도 있고 이해할 수도 있어. 이러한 관점을 '입자적 물질관'이라고 하는데, 이 세상의 모든 존재들이 입자로 구성되어 있다는 관점이지.

하지만 빛이 입자가 아니라는 사실은 이러한 관점에 문제가 있다는 것을 보여주는 거야.

역사적으로 보면 17세기 후반에 뉴턴은 빛을 입자적으로 이해하려고 했어. 하지만 19세기 후반에 등장한 맥스웰의 전자기 이론으로 빛은 입자가 아닌 전자기 파동임이 분명해졌지. 이것을 바탕으로 '세상의 모든 것이 입자나 파동으로 구성되었다.'는 관점이 성립된 거야.

여기서 '입자나 파동'은 '입자이면서 파동'의 가능성을 배제한 거야.

입자라는 개념과 파동이라는 개념은 병립할 수 없는 배타적인 개념이라는 것이지. 구체적으로 보면, 입자는 일정한 공간을 차지하고, 다른 입자와 같은 자리에 있을 수 없으며, 낱개로 셀 수 있는 성질이 있어. 이에 비해 파동은 공간상에 퍼져있고 두 개 이상의 파동이 얼마든지 겹쳐 있을 수 있어. 이와 같이 어떤 존재가 입자이면 파동일 수 없고, 반대로 파동이면 입자일 수 없다는 거야.

미지의 어떤 존재가 입자인지 파동인지를 알아내고자 할 때, 낱개로 셀 수 있거나 부딪혀 충돌하면 입자이고 서로 겹쳐져서 간섭이

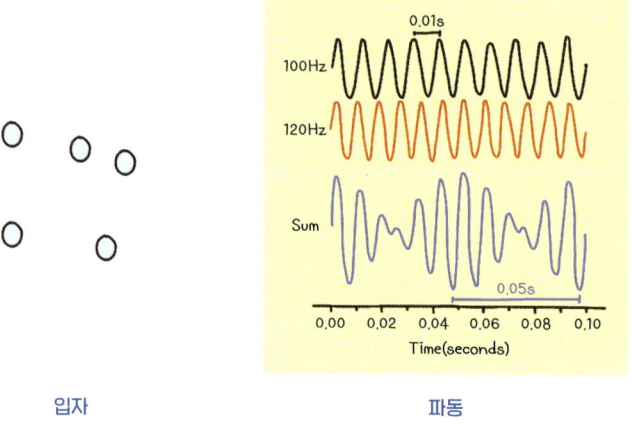

입자　　　　　　　　　파동

일어나면 파동이라고 볼 수 있어. 우리가 물리적 대상을 인지하는 방법은 이 두 가지 방법밖에 없어 보여.

그런데 20세기에 원자의 세계를 탐구하게 되면서 이상한 일이 벌어지기 시작했어.

X선은 파장이 짧은 빛이므로 당연히 파동적 성질을 보이는데, 이상하게도 전자와 충돌하면 입자처럼 행동하면서 숫자를 셀 수 있는 알갱이로서의 특성을 보이는 거야.

게다가 이러한 특성을 지닌 존재가 X선뿐만 아니라 전자와 같이 원자를 구성하는 존재에서 나타나는 보편적인 성질이라는 것이 밝혀지기 시작했지.

광자, 전자, 핵, 원자 등 미시적 존재들이 파동으로서 간섭과 회절을 하고, 입자로서 충돌하고 낱개로 셀 수 있는 성질이 있다는 것이 실험적으로 검증되기 시작한 거야. 이러한 현상은 거시적인 세계에서는 찾아볼 수 없었던 당시까지의 물리학 개념으로는 도달하기 어려운 것이었지.

하지만 우리의 개념체계에 존재하지 않을지라도 자연이 그러한 모순을 허용하고 있으므로 이 모순적인 상황을 받아들여야만 했어.

즉, 자연을 구성하는 요소들은 입자와 파동이라는 성질을 모두 갖고 있다는 사실을 인정해야만 했다는 말이야. 이러한 입자와 파동이라는 이중성의 개념을 바탕으로 자연을 설명하는 이론을 만들어야 했는데, 그렇게 만들어진 이론이 바로 양자역학이야.(268쪽, PART 8_불확정성 원리 교실 참고)

내용을 잘 이해했는지 확인해볼까?

※ 정답은 372쪽에

1 표면온도가 6,000K인 물체의 단위 면적에서 단위 시간당 방출되는 복사에너지의 양은 몇 J인가?

2 표면온도가 6,000K인 물체에서 방출되는 복사에너지의 세기가 최대인 파장은?

3 파장이 600nm인 주황색 빛을 일함수가 1.6eV인 금속 표면에 비추었을 때 방출되는 광전자의 최대 운동에너지는?

4 파장이 1.2×10^{-12}m인 광자의 에너지와 운동량은?

5 파란색 빛의 파장은 5×10^{-7}m이다. 전자의 드브로이 파장이 파란색 빛의 파장과 같으려면 전자는 몇 V로 가속해야 하는가?

응용문제

조금 더 어려운 문제들도
한번 풀어볼까?

∗ 정답은 373쪽에

6 광학 현미경의 배율이 무한히 커질 수 없는 이유는 무엇인가?

7 전자 현미경의 배율은 광학 현미경의 약 1,000배 정도이다. 그렇다면 전자 현미경에 사용되는 전자의 드브로이 파장은 가시광선의 몇 배일까?

창의적으로 생각하고 해결하는
문제에도 도전해보자

∗ 정답은 373쪽에

8 전자에 의한 X선 산란에 대한 콤프턴의 실험 결과인 $\lambda - \lambda_0 = \dfrac{h}{mc}(1-\cos\theta)$ 를 유도하시오.

9 전자 현미경은 전자를 가속시켜 미세한 물질의 구조를 탐색하는 기구이다. 최근에는 중성자를 이용한 중성자 현미경이 주목을 받고 있다. 중성자 현미경의 원리를 설명하시오.

PART 7

원자를 이해하는 가장 친절한 설명

보어 원자 모형 교실

초기
원자 모형

1900년경, 대부분의 과학자들은 물질이 원자로 이루어졌다는 것을 받아들였어. 1890년대에 전자가 발견되면서 과학자들은 원자 속에 전자로 이루어진 어떤 구조가 있다고 생각하게 된 것이지.

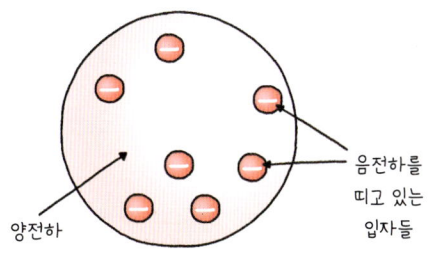

톰슨의 건포도 푸딩 모형

1890년대의 전형적인 원자 모형은 앞에 있는 그림과 같이 양(+)전하로 대전된 균질한 구에 작은 건포도 푸딩처럼 음(-) 전하인 전자가 박혀있는 모습으로 그려졌어.(2권, 165쪽_전기로 사는 세상 참고)

1911년경, 러더퍼드 연구팀은 건포도 푸딩 모형을 검증하는 실험을 했어. 양(+)전하를 띠는 알파(α) 입자선을 얇은 금박에 쪼이는 실험이었는데, 건포도 푸딩 모형에 따라 알파 입자가 금박을 통과할 때 운동 경로가 거의 편향되지 않을 거라고 예측하고 있었어. 왜냐하면 전자는 알파 입자에 비해 무척 가볍고, 날아오는 알파 입자를 강하게 밀쳐낼 수 있는 양전하가 밀집된 어떤 영역이 있을 거라고 생각하지 않았기 때문이야.

하지만 실험의 결과는 예측과 완전히 다른 것이었어.

알파 입자가 금박을 통과하는 동안 대부분의 입자는 마치 허공을 날아가듯이 금박을 이루는 원자에 거의 영향을 받지 않았지. 간혹 큰 각도로 편향되거나, 입사된 방향과 거의 정반대로 되튀는 입자도 관측되었어.

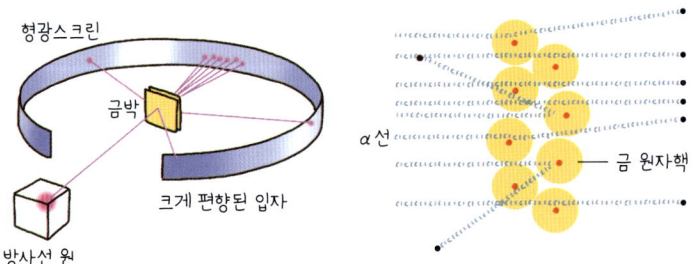

러더퍼드 알파입자 산란 실험

이러한 예상 밖의 결과에 대해 러더퍼드는 양(+)전하인 알파 입자가 매우 좁은 영역에 밀집되어 있는 무거운 양(+)전하에 의해 강하게 튕기는 것으로 해석했어.

그는 원자는 매우 작지만 원자 질량의 99.9%를 차지하는 무거운 양(+)전하는 먼 거리에서 감싸고 있는 전자로 구성되어야 한다는 가설을 세웠어. 전자는 마치 행성이 태양 주위를 공전하듯이 핵 주위의 궤도에서 운동해야만 한다고 생각한 거지. 전자는 계속 궤도를 돌아야 하는데, 그 이유는 전자가 정지해 있다면 전기적 인력에 의하여 핵으로 끌려갈 것이라고 생각했기 때문이야.

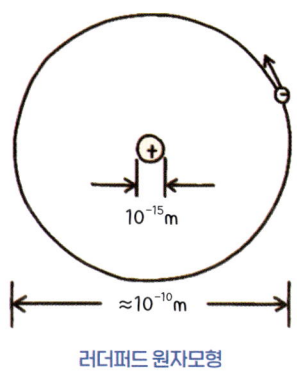

러더퍼드 원자모형

러더퍼드의 실험 결과는 원자핵의 지름이 $10^{-15} \sim 10^{-14}$m정도 되어야 함을 말해주고 있어. 분자운동론과 특히 브라운 운동에 관한 아인슈타인의 분석에 따르면 원자의 지름은 대략 10^{-10}m로 추정되고 있어. 따라서 전자는 대략 핵의 반지름의 10^4배에서 10^5배의 거리에서 돌고 있는 것처럼 보여.(핵의 크기가 야구공이라면 원자는 반지름이 수 km인 대도시 정도일 거야.) 그러므로 원자는 대부분 빈 공간으로 되어 있다고 볼 수 있어.

원자에 대한 러더퍼드의 행성계 모형은 현대의 원자 개념으로 향하는 큰 걸음이었어. 하지만 그 모형은 완전하지 않았고, 중요한 문제도 안고 있었어. 그 문제에 대해서도 차차 같이 알아보자.

원자의 스펙트럼

어두운 밤거리를 밝혀주는 가로등은 정말 소중한 존재지. 최근에는 높은 전력 절감 효과와 고효율, 긴 수명의 장점을 가지고 있는 LED타입의 전등을 많이 설치하고 있지만, 불과 몇 년 전까지만 해도 용도와 상황에 따라 나트륨등과

나트륨등

수은등

수은등이 많이 사용되었어. 나트륨등은 주황색 빛을 내고, 수은등은 하얀색 빛을 내. 이러한 가로등에는 상당히 낮은 압력의 기체가 들어 있는데, 이 기체에 높은 전압이 걸리면 기체는 특유의 빛이 방출되지.

19세기에 과학자들은 들뜬 상태의 기체로부터 빛이 방출되고, 방출되는 빛의 스펙트럼이 연속적이지 않고 불연속적이라는 사실을 발견했어. 들뜬 상태의 기체는 특정한 파장의 빛을 방출하기 때문에 이 빛을 분광기로 분석하면 연속 스펙트럼이 아닌 선 스펙트럼을 볼 수 있지.

다음에 나오는 그림은 가시광선 영역에서의 스펙트럼들이야.

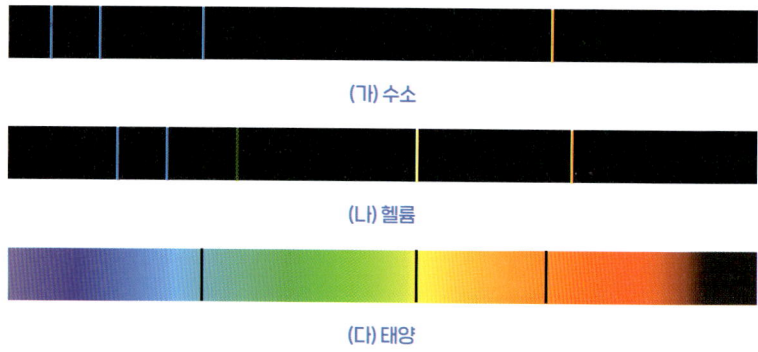

(가) 수소

(나) 헬륨

(다) 태양

그림 (가)와 (나)는 수소와 헬륨의 선 스펙트럼이야. 선 스펙트럼에는 그 물질의 특성이 잘 나타나는데, 이것은 마치 사람으로 치면 지문과도 같다고 할 수 있어.(2권, 399쪽_스펙트럼 참고) 연속 스펙트럼인 빛이 어떤 기체를 통과하는 동안 기체의 특성과 관련된 특정한 파장의 빛이 흡수되면 그 자리에 검은색 선이 나타나게 되는데, 그림 (다)는 태양의 흡수 스펙트럼이야.

원자의 선 스펙트럼은 가시광선 영역뿐만 아니라 자외선이나 적외선 영역에서도 존재하는 현상이야.

일반적으로 낮은 밀도의 기체에서 원자들은 평균적으로 충분히 멀리 떨어져 있거든. 그래서 빛을 방출하거나 흡수하는 것은 고체나 액체 그리고 밀도가 높은 기체에서 원자들 간의 상호작용에 의한 것이라기보다는 각각의 원자에서 일어나는 개별적인 현상이라고 보아야 해.

따라서 밀도가 낮은 기체의 선 스펙트럼은 원자의 구조를 알아내는 열쇠와 같은 구실을 하는 것이라고 볼 수 있어.

결과적으로 어떤 원자 구조에 관한 이론은 적어도 원자들이 왜 불연속적인 파장의 빛을 방출하는지 설명할 수 있어야 하고, 방출하는 빛의 파장은 얼마인지 예측할 수 있어야 해.

수소는 오직 전자 1개가 핵 주위를 돌고 있는 가장 단순한 원자야. 수소의 스펙트럼도 가장 단순한 구조를 보여주고 있지.

대부분 원자의 스펙트럼은 거의 규칙성이 없는 것처럼 보이는데, 수소 스펙트럼을 잘 보면 파장이 짧을수록 선 사이의 간격이 점점 줄어들어. 앞에서 나온 그림을 참고해서 다시 한번 잘 봐봐.

실제로 1885년에 발머는 수소 원자 스펙트럼의 가시광선 영역에서 4개의 선(파장이 656.3nm, 486.1nm, 434.01nm, 410.12nm)이 다음과 같은 공식을 만족함을 보였어.

$$\frac{1}{\lambda} = R\left(\frac{1}{2^2} - \frac{1}{n^2}\right), \quad n = 3, 4, 5, \cdots$$

여기서 4개의 선의 경우 n이 3, 4, 5, 6이고, R은 뤼드베리 상수로 $R = 1.0974 \times 10^7 \text{m}^{-1}$이야. 공식에 $n = \infty$를 대입하면 $\lambda = 364.56\text{nm}$을 구할 수 있는데, 실험을 통해 자외선 영역인 364.56nm에서 선 스펙트럼이 측정되었어. 또한 이 364.56nm 근처에서 선들은 매우 조밀하게 나타나며, 364.56nm에 접근할수록 간격이 좁아지는 것을 확인할 수 있었지.

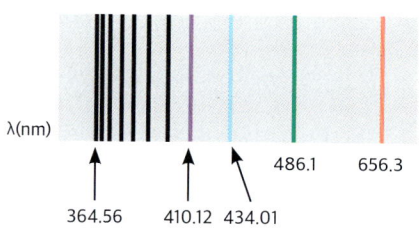

발머 계열 가시광선 영역 선 스펙트럼

당시 고등학교 교사였던 발머는 이러한 수소의 선 스펙트럼의 파장 값들 사이에 어떤 수학적인 관계가 있을 거라는 추측을 했어. 그리고 갖가지 시도 끝에 측정된 4개의 파장을 364.56으로 나누면 다음과 같이 간단한 분수가 나온다는 사실을 알아냈고, 또 각 분수의 분자와 분모는 2, 3, 4, 5, 6을 제곱하여 나타낼 수 있음을 알아냈지.

$$\frac{656.3}{364.56} \simeq \frac{9}{5} = \frac{3^2}{3^2-2^2},$$

$$\frac{486.1}{364.56} \simeq \frac{16}{12} = \frac{4^2}{4^2-2^2},$$

$$\frac{434.01}{364.56} \simeq \frac{25}{21} = \frac{5^2}{5^2-2^2},$$

$$\frac{410.12}{364.56} \simeq \frac{36}{32} = \frac{6^2}{6^2-2^2}$$

발머 공식이 어떻게 유도되는지 파장이 656.3nm인 경우에서 확인해 보자.

$$\frac{656.3}{364.56} = \frac{3^2}{3^2-2^2}$$

이고, 이것을 정리하면 다음과 같은 공식을 도출할 수 있어.

$$\frac{1}{656.3\text{nm}} = \frac{3^2-2^2}{3^2 \times 364.56\text{nm}} = \left(\frac{1}{2^2} - \frac{1}{3^2}\right)\frac{2^2}{364.56\text{nm}}$$

$$= 1.097 \times 10^7 \left(\frac{1}{2^2} - \frac{1}{3^2}\right) \text{m}^{-1}$$

486.1nm, 434.01nm, 410.12nm의 파장들에 대해서도 같은 방법으로 공식을 유도할 수 있어.

자외선 영역과 적외선 영역에서도 발머 계열과 유사한 선 스펙트럼 구조가 발견되었는데, 자외선 영역에서 나타나는 선 스펙트럼을 라이먼 계열이라고 해. 라이먼 계열의 공식은 발머 계열 공식에서 $\frac{1}{2^2}$을 $\frac{1}{1^2}$로 바꾸면 돼.

$$\frac{1}{\lambda} = R\left(\frac{1}{1^2} - \frac{1}{n^2}\right), \quad n = 2, 3, 4, \cdots$$

라이먼 계열은 파장이 91nm에서 122nm사이의 자외선 영역의 선을 포함하고 있어. 그런데 이러한 자외선 영역의 선들은 발머 계열처럼 눈으로 관찰할 수는 없고, 자외선을 감광할 수 있는 물질과 회절 격자를 이용해야 확인할 수 있지.

또 적외선 영역에서도 유사한 구조의 선 스펙트럼이 발견되었는데 이것은 파셴 계열이라고 해. 파셴 계열을 나타내는 공식은 다음과 같아.

$$\frac{1}{\lambda} = R\left(\frac{1}{3^2} - \frac{1}{n^2}\right), \quad n = 4, 5, 6, \cdots$$

이렇게 선 스펙트럼이 발견되었는데, 러더퍼드 모형으로는 원자가 왜 선 스펙트럼을 방출하는지 설명할 수가 없었지.

그럼 이쯤에서 좀 전에 선생님이 러더퍼드 모형에 문제가 있다고 했었던 부분을 다시 한번 짚어볼까? 러더퍼드 모형의 문제는 두 가지로 요약할 수 있어.

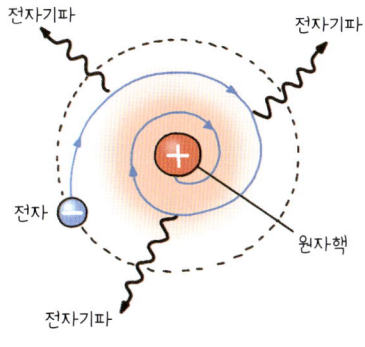

러더퍼드 모형의 문제점

(1) 러더퍼드 모형에 따르면 방출되는 빛의 파장이 연속적으로 변한다. 그러므로 원자가 왜 선 스펙트럼을 방출하는지를 설명할 수 없다.

(2) 러더퍼드 모형에 따르면 원자에서 전자들이 빠르게 핵으로 붕괴하는 불안정한 상태이다. 하지만 실제로 우리 주변의 원자들은 안정된 상태이다.

전자들이 핵 주위를 공전한다는 것은 곧 가속 운동한다는 것인데, 전자기파 이론에 따르면 가속 운동하는 전하는 빛의 형태로 에너지를 방출할 수밖에 없어. 핵 주위를 돌고 있는 전자는 에너지를 방출하기 때문에 에너지가 점점 감소하게 되고, 결국에는 나선을 그리면서 핵으로 떨어지게 돼. 나선을 그리면서 안쪽으로 떨어질수록 더 빠른 속력으로 돌게 되고, 그에 따라 전자의 진동수가 증가하므로 방출되는 빛의 진동수도 증가하게 되는 거지.

확실히 러더퍼드 모형은 원자를 설명하는데 충분치 않았고, 상당한 수정이 필요한 상황이었지. 이때 보어는 이 모형에 양자라는 개념을 결합하여 원자의 스펙트럼을 이해하는데 한 걸음 더 나아가기 시작했어.

보어의 가설

1912년에 보어는 수개월 동안 러더퍼드 실험실에서 연구원 생활을 하던 중이었고, 러더퍼드의 행성계 모형이 옳은 방향이라는 나름대로의 확신이 있었다고 해.

하지만 행성계 모형으로 의미 있게 원자를 설명하려면 새롭게 등장하고 있는 양자이론이 어떤 식으로든 행성계 모형과 통합되어야 함을 직감했지. 플랑크의 양자가설과 아인슈타인의 광량자설이 가열된 고체에서 진동하는 전하를 띤 물질의 에너지에 대하여 기본적인 아이디어를 제공하기도 했고. 즉, 물질의 에너지가 불연속적이고, 한 에너지 상태에서 다른 에너지 상태로 변하려면 광자를 방출해야 한다는 거야. 그러한 이유로, 보어는 원자에서 전자는 에너지를 연속적인 값이 아니라 '점프'하는 것과 같이 불연속적인 덩어리로 에너지를 잃어야 한다고 주장했어.

그리고 그 이듬해에는 전자가 핵 주위를 원 궤도로 운동하지만 모든 궤도가 가능한 것이 아니라 오직 특정한 반지름을 갖는 궤도만 허용되어야 한다는 가설을 주장했어. 그는 나아가 각 궤도에서 전자는 특정한 값의 에너지를 가질 수밖에 없고, 그 궤도에서 에너지를 방출하지 않고 계속 운동해야 한다는 가설도 주장했어. 이 가설은 당시의 전자기파 이론을 위배하는 것이었지.(2권, 165쪽_전기로 사는 세상 참고)

보어는 이러한 궤도를 정상 상태라고 불렀고, 전자가 높은 에너지의 정상 상태에서 낮은 에너지의 정상 상태로 점프할 때 빛이 방출된다고 가정했어. 그러한 점프가 일어날 때 광자가 방출되는데, 광자의 에너지는 전자의 에너지 준위(전자가 갖는 총에너지)의 차이 만큼이야.

$$hf = E_n - E_m \equiv \Delta E$$

여기서 E_n는 높은 에너지 값이고, E_m은 낮은 에너지 값이야.

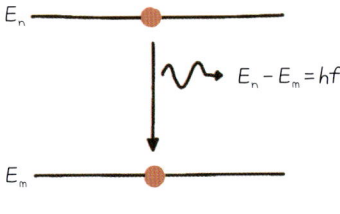

전자의 점프에 의한 광자의 방출

보어는 원자에서 광자가 방출되는 원리와 더불어 정상 상태를 이루는 궤도의 에너지를 결정하는 것이 문제의 핵심이라는 것을 알아차렸어. 방출된 빛의 스펙트럼은 궤도의 에너지 차이를 구하면 알 수 있기 때문에 궤도 자체의 에너지를 아는게 중요하다는 거지.

그는 발머 공식이 문제 해결의 최종적인 결과일 거라는 생각을 했고, 전자의 각운동량 L이 다음과 같이 양자화되는 경우, 그의 이론으로 발머의 공식을 유도할 수 있다는 것을 바로 알아냈어.

$$L = n\frac{h}{2\pi} \,(n=1,2,3,\cdots)$$

위 식을 각운동량 양자화 공식이라고 하는데, 정상 상태에 대한 조건이라고도 하지.

질량이 m인 입자가 반지름이 r인 궤도에서 속력 v로 원운동하는 경우, 입자의 각운동량은 $L=mvr$이므로 보어의 양자화 조건은

$$L = mvr_n = n\frac{h}{2\pi}$$

가 되지. 여기서 n은 정수이고, r_n은 n번째 궤도의 반지름이야. 허용된 궤도를 나타내는 숫자는 1, 2, 3,… 이고 이 숫자를 주양자수라고 해.(각운동량이란 회전하는 운동량으로 원운동에서는 물체의 운동량에 반지름을 곱한 양이야.)

사실 위의 양자화 조건은 이론적으로는 어떤 근거도 없어. 문

제를 푸는데 필요한 일종의 조건을 찾아낸 것에 불과해. 그리고 $\Delta E = hf$ 만으로는 실험 결과를 설명해 줄 수 있는 어떤 결과를 얻을 수 없어서 찾아낸 것이라고 볼 수 있어. 보어의 각운동량 양자화 조건은 이러한 문제를 해결해주는 간단한 조건이지. 잠시 후에 어떻게 실험 결과를 설명하는지도 알려줄게.

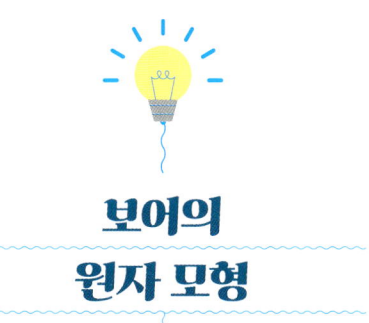

보어의 원자 모형

이제 본격적으로 보어의 가설을 수소 원자에 적용해 보자. 아래와 같이 질량이 m이고 전하량이 $-e$인 전자가 전하량이 $+Ze$인 핵 주위를 원운동한다고 가정해 볼까?

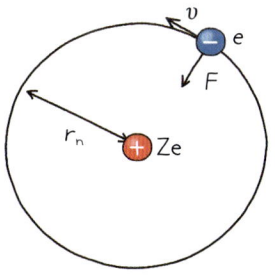

이때 핵과 전자 사이에 작용하는 전기력은

$$F = \frac{k(Ze)(e)}{r^2}$$

인데, Z는 핵의 양성자 수이고 전기력 상수 $k = 9 \times 10^9 \, \mathrm{N \cdot m^2/C^2}$이야.

운동 제2법칙을 적용하여 전자에 작용하는 구심력을 구하면 $\frac{mv^2}{r}$이고, 보어의 가설에 따라 전자의 궤도가 양자화되어 있다면 r 대신 r_n을 써야 하므로 전자의 운동 방정식은 다음과 같이 주어지게 돼.

$$\frac{mv^2}{r_n} = k\frac{Ze^2}{r_n^2}$$

전자의 궤도 반지름을 구하기 위해 위 관계식에 각운동량이 양자화되어 있다는 조건 $L = mvr_n = n\frac{h}{2\pi}$를 적용하면

$$r_n = \frac{n^2 h^2}{4\pi^2 mkZe^2} = \frac{n^2}{Z} r_1$$

을 구할 수 있어. 여기서 $r_1 = \frac{h^2}{4\pi^2 mke^2}$이야.

수소 원자의 경우 $Z = 1$이므로 각 상수를 대입하여 r_1을 구하면 다음과 같아.

$$r_1 = \frac{(6.626 \times 10^{-34} \, \mathrm{J \cdot s})^2}{4(3.14)^2 (9.11 \times 10^{-31} \mathrm{kg})(9 \times 10^9 \, \mathrm{N \cdot m^2/C^2})(1.6 \times 10^{-19} \mathrm{C})^2} = 0.529 \times 10^{-10} \, m$$

따라서 수소 원자의 궤도 반지름은 $r_n = n^2 r_1$이므로

$$r_2 = 4r_1 = 2.12 \times 10^{-10} \text{m}$$

$$r_3 = 9r_1 = 4.76 \times 10^{-10} \text{m}$$

$$\vdots$$

$$r_n = n^2 r_1$$

가 되지. 다음에 나오는 그림은 처음 4개의 궤도를 그린 거야.

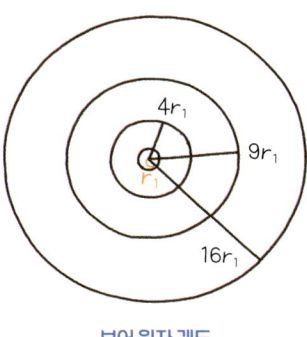

보어 원자 궤도

$Z \neq 1$인 경우, 궤도 반지름은 다음과 같이 주어지고,

$$r_n = \frac{n^2}{Z} r_1 = \frac{n^2}{Z}(0.529 \times 10^{-10})\text{m}, \quad n = 1, 2, 3 \cdots$$

최외각 전자가 1개이고 양성자가 Z개인 원자의 경우, 반지름이 수소원자의 $\frac{1}{Z}$임을 알 수 있어. 이제 전자가 존재할 수 있는 궤도가 결정되었으니 그 궤도에서 전자의 에너지를 계산해보자. 전자의 총에너지는 운동에너지와 위치에너지(퍼텐셜 에너지)의 합이야.

전자의 운동에너지는 $\frac{1}{2}mv^2$이고 전자의 위치에너지는 $-k\frac{Ze^2}{r_n}$이므로 총에너지 E_n은

$$E_n = \frac{1}{2}mv^2 - k\frac{Ze^2}{r_n}$$

여기에 $mvr_n = n\frac{h}{2\pi}$ 와 $r_n = \frac{n^2h^2}{4\pi^2mkZe^2}$ 을 대입하여 정리하면

$$E_n = -\frac{2\pi^2Z^2e^4mk^2}{h^2}\frac{1}{n^2}, \quad n = 2, 3, 4 \cdots$$

이고, 원자의 미세구조 상수 $\alpha = \frac{2\pi ke^2}{hc} = \frac{1}{137}$ 를 도입하여 총에너지를 다시 쓰면

$$E_n = -\frac{1}{2}mc^2\frac{Z^2\alpha^2}{n^2}$$

로 간단하게 쓸 수 있어. 전자의 정지질량 에너지를 mc^2이라고 하면 핵과 전자의 상호 작용에 의한 결합에너지는 정지질량에너지인 mc^2의 대략 $\frac{1}{2}\alpha^2 \sim \frac{1}{37538}$ 임을 알 수 있어. $\frac{mc^2\alpha^2}{2} = \frac{0.52 \times 10^6 \text{eV}}{2(137)^2} = 13.6\text{eV}$이므로 $Z = 1$인 수소 원자의 경우 에너지는

$$E_n = -\frac{13.6\text{eV}}{n^2}$$

n에 따라 에너지를 구해보면

$$E_1 = -13.6\text{eV}$$

$$E_2 = -\frac{13.6\text{eV}}{4} = -3.40\text{eV}$$

$$E_3 = -\frac{13.6\text{eV}}{9} = -1.51\text{eV}$$

$$\vdots$$

$$E_n = -\frac{13.6\text{eV}}{n^2}$$

보어 모형에 따르면 궤도 반지름(r_n)뿐만 아니라 에너지(E_n)도 양자화되어 있음을 확인했어. 양자수 n만 알면 궤도뿐만 아니라 에너

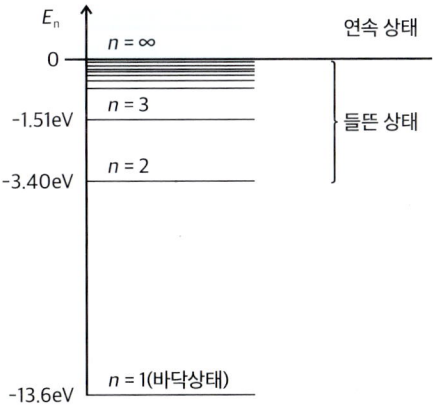

수소 원자의 에너지 준위

지 상태도 알 수 있어. $n=1$인 경우 에너지 상태는 E_1인데, 가장 낮은 에너지 상태여서 이 상태를 바닥 상태라고 해. E_2, E_3, … 상태는 들뜬 상태라고 불러.

원자에서 전자의 에너지가 음(-)의 값을 갖는 이유는 전자가 핵으로부터 무한히 멀리 떨어져 있을 때($n=\infty$) 위치에너지를 0으로 정하기 때문이야. 전자의 궤도가 핵에 가까울수록 전자를 $r=\infty$인 지점으로 이동시키는데 더 많은 에너지가 필요해. 따라서 전자의 궤도가 핵에 가까울수록 전자의 에너지는 더 큰 음(-)의 값을 갖게 되는 거지.

예를 들면 $n=1$일 때 전자의 궤도 반지름은 $r_1=0.53\times10^{-10}$m이고 전자의 에너지는 -13.6eV인데, $n=2$인 전자의 궤도 반지름은 2.12×10^{-10}m이고 에너지는 -3.40eV이야. 또 $n=3$인 전자의 궤도 반지름은 4.76×10^{-10}m이고 에너지는 -1.51eV이야.

결국 $n=\infty$인 경우 $r\to\infty$이고 에너지는 0이 될 거야. 따라서 전자가 핵의 전기력에서 벗어나서 자유로운 상태가 되려면 전자의 에너지가 0 이상이 되어야 해. 즉, 각 궤도를 돌고 있는 전자는 음(-)의 값인데, 전자의 에너지를 0으로 만들기 위해서는 궤도를 돌고 있는 전자가 지닌 에너지 값의 크기만큼을 더해야 하는 거지.

이와 같이 전자의 에너지가 $E<0$인 상태는 전자가 핵에 묶여있어서 속박 상태라고 하고, $E\geq0$인 상태의 전자를 자유 전자라고 해. 핵에 속박되어 바닥 상태에 있는 전자를 자유 전자로 만드는데 필요한 최소의 에너지를 결합 에너지 혹은 이온화 에너지라고 하는데,

$n=1$일 때 에너지가 -13.6eV이므로 이온화 에너지는 13.6eV야.

전자가 갖는 에너지 값은 수평한 선들로 그릴 수 있어. 다음 그림은 수소 원자의 에너지 준위를 나타낸 것으로, 보어 이론에 따르면 전자의 에너지는 이 에너지를 나타내는 어떤 선 중의 하나야. 예를 들어 -9.0eV와 같이 선들의 중간에 있는 에너지 값은 절대로 허용되지 않는 값이야.

보통 실온에서 거의 대부분의 수소 원자는 바닥 상태($n=1$)에 있게 될 거야. 온도가 높아지거나 혹은 자유 전자와 원자들 간에 수없이 충돌하는 전기 방전이 일어나는 동안에는 많은 원자들이 들뜬 상태($n>1$)에 있을 수 있어. 일단 어떤 원자가 들뜬 상태가 되면 전자는 광자를 방출하면서 낮은 에너지 상태로 점프할 수 있어. 보어

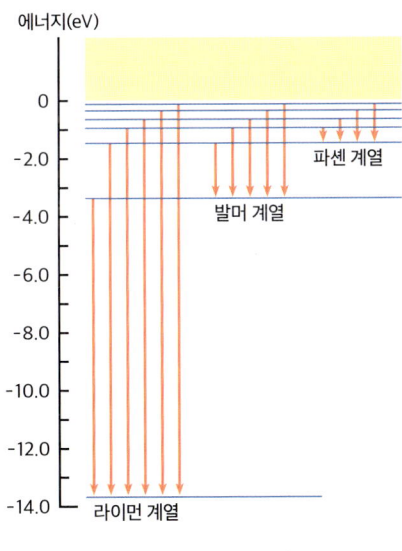

수소 원자의 선 스펙트럼

모형에 따르면 이러한 메커니즘(mechanism)이 선 스펙트럼이 나타나는 이유야.

앞의 그림에서 수직 방향의 화살표는 관측된 다양한 선 스펙트럼에 해당하는 전자의 전이 혹은 점프를 나타내고 있어. 예를 들면 전자가 $n=3$에서 $n=2$로 점프하면 발머 계열에서 파장이 656nm인 선을 나타나게 될 것이고, $n=4$에서 $n=2$로 점프하면 파장이 486nm인 선을 나타나게 될 거야.

이러한 선들에 해당하는 파장을 나타나는 일반적인 관계는 $hf = E_u - E_l$ 과 $E_n = -\dfrac{2\pi^2 Z^2 e^4 m k^2}{h^2}\dfrac{1}{n^2}$ 을 결합하여 구할 수 있어.

광자의 진동수는 파장과 $f = \dfrac{c}{\lambda}$ 의 관계임을 적용하고, 높은 에너지 상태를 나타내는 n, 낮은 에너지 상태를 나타내는 n'로 잡으면 전자가 n에서 n'로 전이할 때 광자의 파장을 다음과 같이 구할 수 있어.

$$\frac{1}{\lambda} = \frac{2\pi^2 Z^2 e^4 m k^2}{h^3 c}\left(\frac{1}{n'^2} - \frac{1}{n^2}\right)$$

공식의 상수 값을 구체적으로 계산하면

$$\frac{2\pi^2 e^4 m k^2}{h^3 c} = \frac{2(3.14)^2 \times (1.6 \times 10^{-19})^4 \times (9.1 \times 10^{-31}) \times (9 \times 10^9)^2}{(6.63 \times 10^{-34})^3 \times (3 \times 10^8)}$$

$$= 1.0974 \times 10^7 \text{m}^{-1} = R$$

이고, 이 값은 실험적으로 측정한 뤼드베리 상수와 정확히 일치해.

$n' = 1$, $n' = 2$, $n' = 3$일 때 파장들이 각각 라이먼 계열, 발머 계열, 파셴 계열의 선 스펙트럼과도 일치하고.

보어 모형이 크게 성공한 이유는 원자에서 선 스펙트럼이 나타나는 이유를 설명한 것과 더불어 수소 원자에서 방출된 빛의 파장을 정확하게 예측했기 때문이었어.

또한 흡수 스펙트럼의 원리도 설명할 수 있었지. 광자가 전자와 충돌하여 낮은 에너지 준위에 있는 전자를 높은 에너지 준위로 전이시킬 수 있는데, 에너지는 보존되므로 전자와 충돌하여 에너지를 전달한 그 광자는 흡수되어 없어질 거야.(재방출 과정에서 사라지는 것으로 보임) 연속 스펙트럼의 빛을 어떤 기체에 입사시키면 기체를 통과한 빛의 스펙트럼에 검은색 선(흡수선)이 나타나는데, 이 선은 선 스펙트럼에서 나타나는 위치와 정확하게 일치해.

보어의 모형은 원자의 안정성에 대해서도 이론적인 근거를 찾았고, 원자의 안정성에 대한 어떤 원칙과 같은 것을 확립하게 했어. 즉, 바닥 상태가 존재한다는 것이 원자의 안정성에 있어서 가장 중요한 점이라는 거야. 바닥 상태란 전자가 존재할 수 있는 가장 낮은 에너지 상태이고, 이 상태보다 낮은 에너지 상태는 존재할 수 없어. 만일 더 낮은 에너지가 존재한다면 전자가 계속 광자를 방출하면서 전이해야 하는 불안정한 상태가 된다고 볼 수 있지. 또 보어 모형은 수소 원자의 이온화 에너지가 $13.6\,eV$임을 정확하게 예측했어. 하지만 이러한 예측은 다른 원자에서는 성공적이지 않았어.

이와 같이 성공과 실패가 있음에도 불구하고 보어 모형은 원자를 정량적으로 이해하려는 중요한 출발점이었고, 또한 원자를 설명하는 데 있어서 정상 상태, 바닥 상태, 전이와 같은 새로운 개념을 사용하기 시작했다는 점에서 아주 중요한 의미를 가지고 있어.

보어의 대응원리

보어는 고전적인 개념과는 상당히 다른 급진적인 가정들에 바탕을 둔 원자 이론을 전개했어. 그는 정해진 원 궤도를 가속 운동하는 전자가 빛을 방출하지 않는다고 가정했고, 각운동량이 양자화되어 있다고 가정했어. 더구나 전자가 한 에너지 준위에서 다른 에너지 준위로 전이할 때 어떻게 운동하는지를 설명할 수 없었어.

한편 원자와 같은 미시 세계에서 전자가 거시 세계의 물체처럼 운동하리라고 기대할 실질적인 이유는 없어. 그럼에도 불구하고 보어는 양자이론이 거시 세계와 겹치는 곳에서 고전적인 결과를 예측해야만 한다고 생각했어. 이것을 대응원리라고 하는데, 수소 원자에 대한 보어 이론에서도 의미 있게 적용해 볼 수 있어.

$n = 1$과 $n = 2$의 상태를 비교할 때 궤도의 크기와 에너지에 있어서 상당한 차이가 있어. 그러나 $n = 100,000,000$과 $n = 100,000,001$를 비교하면 궤도의 크기와 에너지에 있어서 거의 차이가 없어. 실제로 그와 같이 거시 세계에 근접하는 큰 양자수의 궤도들 사이에서 전자의 전이는 눈에 띌 만큼 표시가 나지 않아. 그러한 궤도는 일상생활에서 경험하는 것처럼 거의 연속적인 간격으로 나타나게 되어 양자화되어 있다는 느낌이 들지 않지.

마지막으로, 보어 모형에서 사용하는 '잘 정의된 궤도'란 실제로는 존재하지 않아. 보어 모형은 실제가 아니라 모형일 뿐이야. 그래서 전자의 궤도라는 개념은 수년 후에 폐기되었고 오늘날 전자는 확률구름을 형성하는 오비탈로 이해되고 있어.

물질의 개벽, 원자를 보다!

일상생활에서는 어떠한 물체도 자신이 지닌 에너지보다 높은 에너지 장벽을 넘어설 수 없어. 하지만 미시 세계에서 전자와 같

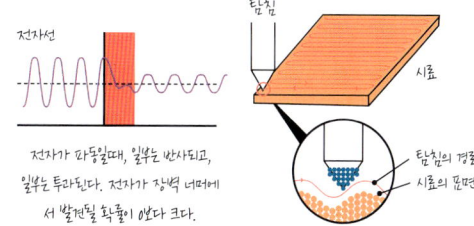

은 존재는 거시 세계에서와 전혀 다른 모습을 보여주지. 전자가 자신의 에너지보다 더 높은 에너지 장벽을 만나는 경우, 에너지 장벽 너머에서 발견될 확률이 줄어들긴 하지만 0이 되지 않는다는 이야기야. 이러한 현상을 물리학에서는 터널링 효과라고 하지.

주사 터널링 현미경(STM)은 원자 크기에 해당하는 나노미터(nm) 세계를 관찰할 수 있는 첨단 장비야. 그림과 같이 매우 미세한 탐침이 원자 한두 개 크기의 거리에서 시료를 스캔하듯이 움직이기 때문에 주사라는 이름이, 탐침과 시료 사이에 터널링이 일어나기 때문에 터널링이라는 이름이 붙은 거야.

STM은 가느다란 텅스텐이나 백금선을 부식시켜 그 끝에 원자 몇 개만 있게 한 탐침을 금속 시료에 원자 한두 개 크기 정도의 거리 이내로 접근시키고, 탐침과 시료 사이에 약간의 전압을 걸어서 시료와 탐침 사이에 전류가 흐르게 하는 터널링 현상을 이용해. 그래서 탐침을 주사하는 동안 터널링 효과에 의해 흐르는 전류가 일정하게 유지되도록 탐침의 높이를 조절하는 방식으로 시료의 높낮이를 측정하지. 컴퓨터를 이용하면 이러한 시료에 대한 탐침의 높이를 영상으로 나타낼 수 있는데, 이것이 원자 수준에서 볼 수 있는 시료의 표면 구조야. 그림은 STM으로 측정한 그래핀의 모습이지.

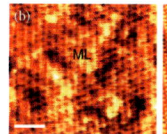 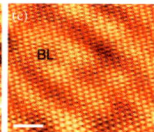

출처_ wikimedia commons

내용을 잘 이해했는지 확인해볼까?

＊ 정답은 374쪽에

1 7.7MeV의 에너지를 지닌 a입자가 금 원자 핵에 가장 가까이 접근했을 때의 거리를 구하시오. (단, 금의 원자번호는 79이고, a입자의 전하량은 +2e이다.)

2 수소 원자에서 전자가 $n=2$상태에서 $n=1$상태로 전이할 때 방출되는 광자의 파장을 구하시오.

조금 더 어려운 문제들도 한번 풀어볼까?

＊ 정답은 374쪽에

3 그림과 같이 양전자와 전자가 반지름이 r인 원둘레를 돌고 있다. 이 계의 에너지 준위를 n, h, k, m, e로 나타내시오. (단, 양전자와 전자의 질량은 m이고, 전기력 상수는 k이며, 양자수는 n이다.)

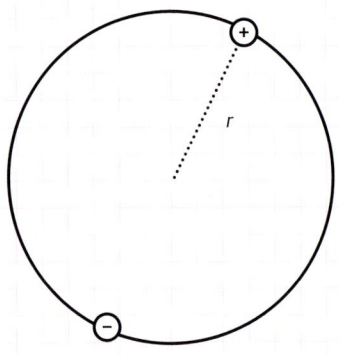

4 보어 모형을 이용하여 He⁺이온의 이온화 에너지를 구하고, 이 이온을 이온화시키는데 필요한 광자의 최소 파장을 구하시오.

5 온도가 T인 이상기체의 평균 운동에너지는 $E = \frac{3}{2}kT$이다. 20℃에서 수소 원자의 평균 운동에너지를 어림하시오. 그 결과를 이용하여 실온에서 대부분의 수소 원자가 바닥 상태에 있는지를 설명하고, 또한 어떠한 빛도 방출하지 않음도 설명하시오.

창의적으로 생각하고 해결하는 문제에도 도전해보자

* 정답은 375쪽에

6 질량이 m인 소립자가 다른 소립자를 중심으로 일정한 구심력을 받으면서 등속원운동하고 있으며, 이 입자가 갖는 위치에너지는 $U = U_0 \dfrac{r}{r_0}$이다. r은 소립자 사이의 거리이고, U_0는 에너지 단위를 갖는 상수이며, r_0는 거리의 단위를 갖는 상수이다. 보어의 양자 조건을 이용하여 에너지 준위를 계산하시오.

7 수소 원자처럼 전자가 양성자에 전기력이 아니라 중력에 의하여 묶여있다고 하자. 이 구조의 반지름을 구하고 첫 번째 궤도의 에너지를 구하시오.

PART 8

불확실한 오늘 하루도 잘 지내는 방법

불확정성 원리 교실

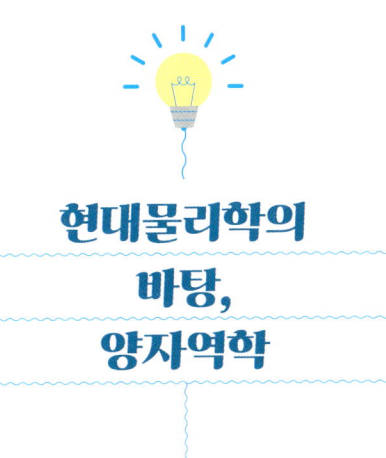

현대물리학의 바탕, 양자역학

물리학의 역사를 가만히 되돌아보면 감탄이 절로 나올 만큼 놀라운 발전이 거듭되어 왔다는 것을 알 수 있어.

17~18세기에는 뉴턴 역학이 완성되었고, 18~19세기에는 전자기학, 광학, 열역학 등이 발전을 했잖아. 이 놀라운 성과 앞에서 과학자들은 모든 자연 현상을 이해할 수 있다는 자신감에 가득 차 있었어.

그런데 20세기에 들어서면서부터는 마치 약속이나 한 것처럼 상황이 돌변하기 시작했지.

맥스웰이 전자기파를 발견한 이후로 빛에 대한 모든 논쟁이 끝난 줄로 알았는데, 또다시 빛에 대한 논쟁이 시작된 거야. 그 논쟁은 흑체복사와 광전효과를 중심으로 이루어졌어. 이 두 가지에 대해서는 앞에서 충분히 다루었으니 다시 한번 책을 읽어보는 것도 좋을 것 같아.(197쪽_플랑크의 양자가설, 203쪽_빛은 입자일까? 참고) 우리가 꼭 알아야 할 핵심적인 내용은 원자 수준에서 빛과 물질의 상호 작용이 그 당시 뉴턴과 맥스웰의 물리학으로는 설명할 수 없는 현상이라는 거였어.

이 문제를 풀기 위하여 플랑크, 아인슈타인, 보어, 하이젠베르크 등 수많은 천재들이 달려들었고, 그 결과 미시 세계에서 빛과 입자의 운동을 설명하는 양자역학이 탄생한 거야.

양자역학은 그 기초가 일상적이고 상식적인 생각을 뛰어넘는 것이야. 이 이론에 따르면 자연 현상의 원리는 기존의 이론과 법칙으로 설명할 수 없는 전혀 다른 개념 체계이지. 그 중 가장 뚜렷하고 놀라운 것이 하이젠베르크의 불확정성 원리야.

거시 세계에서
측정의 문제

측정은 측정 대상과 측정 장비 사이의 상호작용으로, 과학에서 자연 현상을 이해하는 방법 중의 하나야. 측정 대상이란 탐구하고자 하는 자연 현상을 의미하고, 측정 장비란 자, 저울, 시계, 현미경, 망원경, 온도계와 같이 객관성을 보증하는 장치를 의미해.

그런데 대상과 장비의 상호 작용이 대상의 상태를 변화시키는 경우도 있어. 어떤 종류이건 측정이라는 것이 행해질 때마다 어느 정도의 불확실성이 늘 포함될 수밖에 없거든. 예를 들어 탁자의 모서리 길이를 재는 문제를 생각해 볼까? 최소 눈금이 1mm인 자로 재면 적어도 0.5mm 정도의 오차가 있게 될 거야. 좀 더 정밀한 도구로 정밀한 측정을 한다 해도 측정 도구의 성능에 관계없이 항상 불확실성은

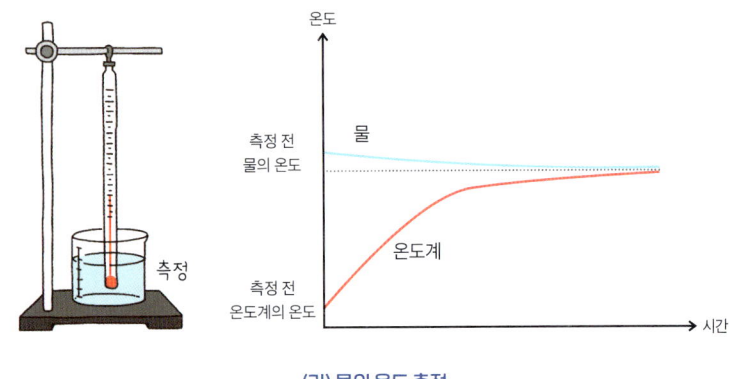

(가) 물의 온도 측정

포함될 수밖에 없어. 그럼에도 불구하고 좀 더 정밀한 도구를 사용하면 측정에 있어서 불확실성을 최대한도로 작게 만들 수는 있겠지.

실제 물리적 상황으로도 한번 생각해 볼까? 그림 (가)는 비커에 담긴 뜨거운 물의 온도를 측정하는 실험이야.

실온의 온도계를 뜨거운 물 속에 넣으면 물에서 온도계로 열이 이동하게 되고, 잠시 후 열평형 상태가 될 거야. 이때 온도계의 눈금을 물의 온도라고 하는데, 현재 측정된 온도는 측정되기 전 물의 온도보다 약간 낮을 거야. 왜냐하면 물이 가진 열량의 일부가 온도계로 이동했기 때문이지.

그림 (나)는 저항 R인 꼬마전구에 전압 V인 직류 전원이 연결될 때 회로에 흐르는 전류 I를 측정하는 실험이야. 일반적으로 실제 전류계는 내부 저항 r을 가지므로 회로에 흐르는 전류는 옴의 법칙을 적용하여 다음과 같이 구할 수 있어.

$$I = \frac{V}{R+r}$$

회로에 흐르는 전류는 측정 장치인 전류계의 특성을 나타내는 내부 저항에 따라 달라지는 것을 볼 수 있어.

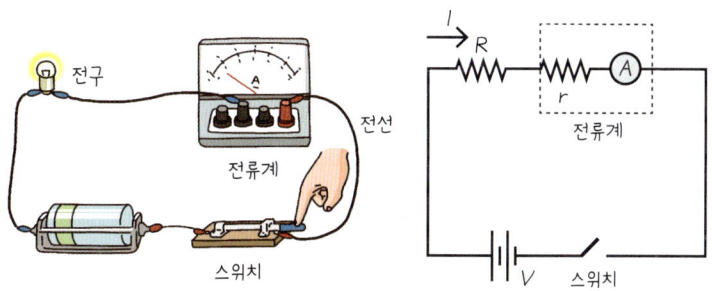

(나) 전류의 측정

이와 같이 미시 세계가 아니더라도 측정 대상과 측정 장비 사이의 상호 작용 정도에 따라 측정값이 달라질 수 있어. 온도계를 작게 만들면 온도를 측정하려는 물체에 영향을 줄일 수 있고, 전류계의 내부 저항을 줄여가면 전류계가 회로에 흐르는 전류값에 끼치는 영향을 줄일 수 있어. 결론적으로 거시 세계에서는 측정 장비의 특성을 조절하는데 아무런 제한이 없으므로 원리적으로 보면 정밀한 측정을 하는 것이 얼마든지 가능하다는 거야.

미시 세계에서 측정의 문제

현대 과학의 근간인 양자역학에 따르면 어떤 측정이 이루어질 때 그 정밀성에는 실질적인 한계가 있다고 해. 그런데 이러한 한계는 측정 장치가 정밀하게 작동하지 않기 때문이 아니라 본질적으로 자연에 내재된 것이라는 거지. 즉, 파동-입자의 이중성과 관측 대상과 관측 장비 사이의 피할 수 없는 상호작용 때문에 생기는 거라고 볼 수 있어.

- **측정은 대상을 교란한다.** 어떤 대상을 아무런 교란 없이 측정한다는 것은 불가능해. 완전히 캄캄한 암실에서 탁구공을 찾는다고 생각해봐. 암실에 있는 탁구공을 찾으려면 손가락으로 암실 공간을 더듬어 가면서 찾을 수밖에 없어. 이때 손가락이 탁구공과 접촉하는 순

(가) 고전역학에서의 측정　　　(나) 양자역학에서의 측정

간 탁구공은 튕겨서 다른 곳으로 갈 수도 있지. 물체가 공이건 전자이건 간에, 물체의 위치를 측정한다는 것은 측정 장치가 물체의 위치에 대한 정보를 주는 어떤 것과 접촉해야만 하는 거야.

　암실에서 잃어버린 탁구공의 위치를 정확하게 찾기 위해서는 앞에서와 같이 손을 이용하거나 그 외에도 막대기 혹은 빛을 이용할 수 있겠지. 손이나 막대기를 이용하는 경우에는 공에 접촉하는 순간 공이 있는 위치를 알 수 있어. 탁구공에 접촉하는 순간 피할 수 없이 손(막대기)과 공이 충돌하게 되고, 이때 공에 운동량이 전달되기 때문에 공의 위치가 바뀔 수도 있는 거지.

　정도는 훨씬 덜하겠지만 빛을 이용한다 해도 마찬가지야. 탁구공에 빛을 쪼이게 되면 적어도 한 개의 광자가 공으로부터 산란되어 눈이나 다른 측정 장치로 들어와야 해. 광자가 공과 같은 크기의 물체와 충돌할 때는 물체의 운동이나 위치를 눈에 띄게 변경하지는 못하겠지. 하지만 광자가 전자와 같은 작은 물체와 충돌하면 전자에게 운동량을 전달하게 되고, 이로 인해 전자의 위치와 운동을 예측할 수 없게 변화시킬 수 있어.

즉, 어떤 물체의 위치를 측정하는 단순한 행위는 측정이 이루어진 후에 물체의 위치를 부정확하게 만들 수 있어. 즉, 측정은 대상을 교란한다는 말이야.

- **파동-입자의 이중성은 불확정성 원리의 근원이다.** 파동-입자의 이중성은 어떤 문제를 일으킬까? 다음에 나오는 그림과 같이 광자를 이용해서 전자의 위치를 결정하는 문제를 생각해 보자.

전자의 위치는 기껏해야 사용하는 빛의 파장 정도의 정밀도로 결정할 수 있어. 전자의 위치를 좀 더 정확하게 알고 싶으면 더 짧은

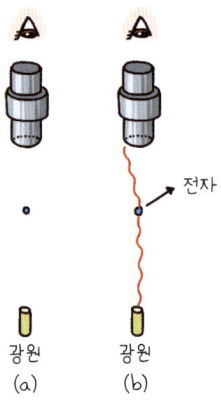

전자의 위치를 알기 위해서는 적어도 하나 이상의 광자가
전자에 의해 산란되어 현미경으로 들어와야 한다.

파장의 빛을 사용해야 하지. 하지만 짧은 파장의 빛은 광자의 운동량이 크다는 것을 의미하고($p = \frac{h}{\lambda}$), 광자의 운동량이 클수록 전자에 전달되는 운동량도 클 수밖에 없어. 만일 파장이 긴 광자를 사용한다면(운동량이 작은 광자를 사용한다면) 광자가 전자에 충돌했을 때 전자의 운동은 그리 크게 영향받지 않을 거야. 하지만 파장이 길수록 해상도가 낮아서 전자의 위치는 정확도가 떨어질 거야.

광자의 파장	λ	λ'	$\lambda < \lambda'$
광자의 운동량	$p = \frac{h}{\lambda}$	$p' = \frac{h}{\lambda'}$	$p > p'$
전자의 위치 불확정도	$\Delta x \sim \lambda$	$\Delta x' \sim \lambda'$	$\Delta x < \Delta x'$
전자의 운동량 불확정도	$\Delta p \sim \frac{h}{\lambda}$	$\Delta p' \sim \frac{h}{\lambda'}$	$\Delta p > \Delta p'$

이와 같이 관측한다는 행위는 전자의 위치와 운동량에 불확실성을 만들게 돼. 이것이 바로 1927년에 하이젠베르크가 발표한 불확정성 원리의 핵심이야.

위치와 운동량 사이의 불확정성 원리

파장이 λ인 빛을 이용하여 전자와 같은 미시적인 어떤 대상의 길이를 측정하는 경우를 생각해 보자. 이때 아무리 측정을 정밀하게 하더라도 λ보다 더 작은 길이를 측정하기는 어려울 거야.

전자의 위치를 관찰하는데 사용하는 빛의 파장이 λ이면 전자의 위치에 대한 불확실성인 Δx는 λ이상임을 알 수 있어.

$$\Delta x \geq \lambda$$

파장이 λ인 광자가 전자와 충돌하면 광자의 운동량의 전부 또는 일부가 전자의 운동량으로 전이되므로 전자의 x방향 운동량의 불확실성은

$$\Delta P_x \approx \frac{h}{\lambda}$$

이므로 이들 불확실성의 곱은

$$(\Delta x)(\Delta P_x) \approx h$$

임을 알 수 있어. 불확실성은 측정에 필요한 장치의 성능과 광자의 수에도 관련되어 있어서 이것보다 훨씬 나쁠 수 있어. 좀 더 정밀하게 계산하면 불확실성의 곱은 적어도 다음과 같이 쓸 수 있어.

$$(\Delta x)(\Delta P_x) \geq \frac{h}{2\pi}$$

그럼 이제 전자가 직접 회절하는 상황에서 불확정성을 생각해 보자.

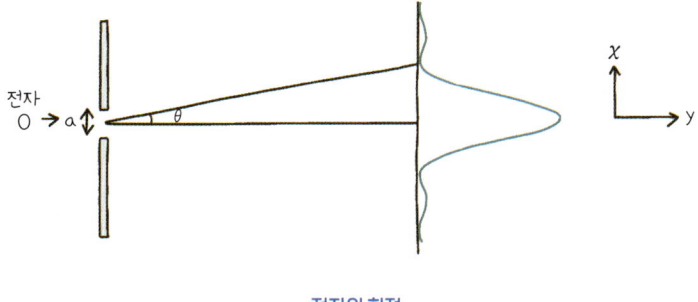

전자의 회절

앞의 그림은 단일 슬릿을 이용한 전자의 회절 실험을 나타낸 것으로, 슬릿을 통과한 전자는 형광 스크린에 회절 무늬를 만들 거야.

첫 번째 어두운 무늬의 위치는 $a\sin\theta = \lambda$인데 슬릿 폭 a는 x방향 전자 위치의 불확정도인 Δx이므로 $\Delta x \sin\theta = \lambda$야.

한편, x방향의 운동량 불확정도는 최소한 $p\sin\theta$이고, 전자의 운동량은 $p = \dfrac{h}{\lambda}$이므로

$$\Delta p_x > p\sin\theta \sim \frac{h}{\lambda}\sin\theta$$

가 되지. 위의 식에 앞에서 구한 $\lambda = \Delta x \sin\theta$를 대입하면

$$(\Delta x)(\Delta p_x) > h$$

임을 알 수 있어.

결과적으로 슬릿 폭 a가 작아지면 Δx는 줄어들지만 Δp_x는 증가하지. 즉, 슬릿 폭이 좁아지면 슬릿을 통과하는 전자의 위치에 대한 정보는 정확해지지만, 전자의 운동량에 대한 정보는 더 부정확해진다고 볼 수 있어. 좀더 세밀한 계산을 하면 전자의 위치와 운동량의 불확정 정도의 곱은 다음과 같은 관계가 있음을 확인할 수 있어.

$$(\Delta x)(\Delta p_x) \geq \frac{h}{2\pi}$$

에너지와 시간 사이의 불확정성 원리

일상 생활에서 경험할 수 있는 상황을 통해 에너지와 시간 사이의 불확정성을 생각해 보자.

북소리와 같은 펄스 형의 짧은 소리는 언제 소리가 났는지 잘 알 수 있어. 즉 Δt값이 작다는 거야. 하지만 북소리를 듣고 그 음이 '도'인지, '레'인지, '파'인지를 쉽게 구분하기는 어려워. 이것은 바로 Δf가 크다는 말인 것이야.

그에 비해 피아노에서 연주되는 것 같은 깨끗한 소리를 몇 초 동안 들으면 그 음이 '도'인지, '레'인지, '파'인지를 쉽게 구분할 수 있어. 이것은 Δt가 크고, Δf가 작다는 거지. 소리라는 파동의 에너지는 진동수의 제곱에 비례하므로 에너지 변화량은 진동수 변화량에 비례하는 것처럼 보여.

즉, $\Delta E \propto (f+\Delta f)^2 - f^2 \simeq 2f\Delta f$ 이므로

$$\Delta E \propto \Delta f$$

즉, 에너지 변화량과 시간 간격은 반비례하는 경향이 있다는 걸 알 수 있지.

그럼, 이제 좀 더 정량적으로 불확정성 원리를 검토해 보자. 어떤 측정된 물체(예를 들면 전자)의 위치에 있어서 불확정성이 $\Delta x \simeq \lambda$ 라고 하자. 이때 물체 위치를 측정하는 광자의 속력을 c라고 하면, 입자의 불확실한 위치를 나타내는 Δx 때문에 생긴 광자를 측정하는 데 걸리는 시간의 차이는 $\Delta t \approx \dfrac{\Delta x}{c} \approx \dfrac{\lambda}{c}$ 가 될 거야. 따라서 이와 같이 불확실한 위치에 있는 물체를 빛으로 측정할 때 측정 시간에 있어서도 불확실성이 생기는데 그 값은 대략

$$\Delta t \approx \frac{\lambda}{c}$$

정도야. 그때 광자는 측정 대상인 물체에 에너지의 전부 혹은 일부를 전달하므로 결과적으로 물체의 에너지에 있어서 불확실성은 대략

$$\Delta E \approx \frac{hc}{\lambda}$$

라고 볼 수 있어.

이러한 두 개의 불확실성을 곱하면

$$(\Delta E)(\Delta t) \approx h$$

가 되고, 좀 더 정밀한 계산을 하면

$$(\Delta E)(\Delta t) \geq \frac{h}{2\pi}$$

를 얻을 수 있어.

위 식에 따르면 물체의 에너지를 측정하는데 걸리는 시간이 짧을수록 에너지의 불확정성은 더 커진다는 것을 알 수 있어.

에너지-시간의 불확정성 원리에 따르면 물체의 에너지는 아주 짧은 시간 동안 크기가 변할 수 있어. 예를 들면 우리는 진공을 어떠한 물질도 없는 공간이라고 생각하기 쉽잖아. 그런데 그 생각은 잘못된 생각일 수도 있다는 말이야. 만일 우리가 매우 짧은 시간 간격으로 진공을 조사한다면 수많은 소립자들이 생겨났다가 소멸하는 현상을 보게 될 수도 있기 때문이지.

즉, $\Delta t \to 0$이면 $\Delta E \to \infty$이어서 그러한 격렬한 현상이 존재하는 거야. 이와 반대로 $\Delta t \to \infty$이면 $\Delta E \to 0$이므로 보통의 상황에서는 어떠한 현상도 일어나지 않는, 즉 물질이 존재하지 않는 상황인 거야.

불확정성 원리가 적용되는 자연 현상

○ 영점 에너지(zero point energy)

어떤 물질의 온도는 그 물질을 이루는 분자나 원자들의 평균적인 운동에너지를 나타내는 양이야. 온도가 높은 물질은 입자들의 운동이 활발하고, 온도가 낮은 물질은 입자들의 운동이 느리지. 이러한 입자들의 운동은 절대온도로 나타낼 수 있어. 예를 들어 온도가 T인 이상기체의 평균 운동에너지는 $\overline{E_k} = \frac{3}{2}kT$야. 입자의 평균 운동에너지가 절대온도에 비례하는 것을 볼 수 있어. 그러면 절대온도가 0K인 경우, 입자들의 운동에너지는 0이어서 모든 입자들의 운동이 멈춰야 하겠지. 하지만 불확정성 원리는 그러한 일이 있을 수 없음을 말해주고 있어.

고전적인 분자 운동론에서와 같이 절대온도 0K에서 입자가 정지

액체 헬륨

하는 경우를 생각해 보자. 불확정성 원리에 따르면 위치가 정확하게 결정되는 것이어서 $\Delta x \rightarrow 0$이므로 운동량의 변화는 $\Delta p \rightarrow \infty$이어야 해. 따라서 입자는 무한대의 운동에너지를 갖게 되지.

처음 가정했던 정지상태라는 조건과 불확정성 원리를 적용한 결과인 무한대의 운동에너지가 모순을 일으키는 거야. 따라서 절대온도 0K에서 입자는 $\Delta x \Delta p \geq \frac{h}{2\pi}$ 한계 내의 상태로 존재할 수밖에 없어. 이러한 절대 온도 0K에서도 입자들이 갖는 에너지를 영점에너지(zero point energy)라고 하는데, 실제로 절대온도 0K 근처에서 절대로 얼지 않는 액체 헬륨이 존재하기도 해.

• **원자의 크기** 수소 원자는 매우 크기가 작은 핵 주위에 전자가 만든 파동이 분포하고 있어. 만약 전자가 핵 주위의 좁은 공간에 갇히면 Δx가 매우 작아지는 것으로, 불확정성 원리에 따라 Δp가 매우 크게 증가하지. Δp의 증가는 운동에너지가 매우 커지고, 전자가 핵

으로부터 탈출하는 것을 의미해. 반대로 전자의 파동이 넓게 분포하게 $\Delta x \to \infty$인 것인데, 이것은 원자의 크기가 무한대라는 것을 의미해. 그러한 경우 전자의 운동량의 변화량은 $\Delta p \to 0$인데, 핵이 전자를 전기적으로 충분히 끌어 당기지 못한다는 거지.

실제 수소 원자처럼 10^{-10}m정도의 크기로 전자가 분포하는 것도 불확정성 원리가 적용된 결과라고 보아야 해.

- **전파 망원경의 분해능** 망원경의 가장 중요한 성능은 분해능이야. 이러한 장치는 렌즈를 통해 들어오는 빛을 이용하기 때문에 빛이 들어오는 구멍의 크기에 따라서 회절 현상이 일어나는 정도가 달라져. 따라서 좋은 분해능을 얻기 위해서는 구멍이 커야 하는데, 그 이유는 구멍이 크면 회절 현상이 작게 일어나기 때문이야. 이러한 망원경의 분해능은 레일리 기준으로 잘 알려져 있는데, 불확정성 원리를 적용해서도 같은 결과를 유도할 수 있어.

그림과 같이 지름이 D인 전파 망원경이 A점에서 출발한 파장이 λ인 광자를 측정한다고 해보자.

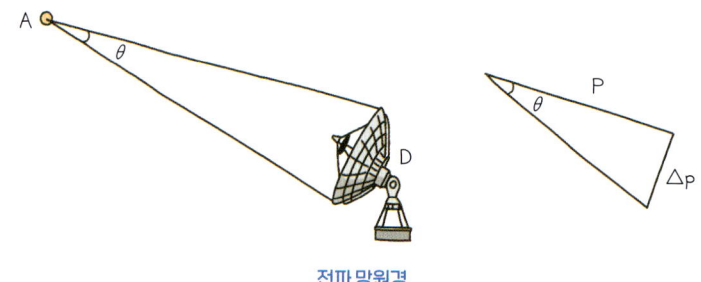

전파 망원경

망원경이 A점에서 출발한 광자를 정확히 측정한다는 것은 광자의 운동량이 사잇각 θ를 벗어나지 않아야 함을 의미해. 즉, 광자의 운동량을 p라고 할 때 광자 운동량의 불확정성 Δp가 그림과 같이 $p\theta$보다 작아야 해.

$$\Delta p = p\theta$$

한편 망원경의 지름 D는 광자의 위치에 대한 불확정성으로, 이 값이 커지면 광자의 위치 불확정성이 커지는 거야. 이러한 위치 불확정성으로부터 광자의 운동량 불확정성 관계를 유도하면 다음과 같아.

$$\Delta p \geq \frac{h}{\Delta x} = \frac{h}{D}$$

광자의 운동량은 $p = \frac{h}{\lambda}$이므로 운동량 불확정성은 $\Delta p = \frac{h}{\lambda}\theta$가 돼. 이 관계를 불확정성 식에 대입하면

$$\theta \geq \frac{\lambda}{D}$$

를 구할 수 있어. 이것은 분해능에 관한 레일리 기준과 같은 결과로, 파장이 짧을수록 망원경의 직경이 클수록 분해능이 좋아짐을 나타내고 있어.

불확정성 원리, '상태를 확정지을 수 없음'

이 원리를 이해하려면 고전 역학에서 상태라는 것을 제대로 알아야 해. 고전 역학에서 상태란 물체의 위치이며, 상태(위치)의 변화를 운동이라고 했어. 뉴턴은 운동 제1법칙에서 어떤 물체의 상태는 위치와 속도로 나타낼 수 있다고 했지.(1권, 159쪽_관성과 운동 제1법칙 참고)

$$\text{상태} = (\text{위치}, \text{속도})$$

뉴턴 역학 체계는 어떤 물체의 처음 상태를 알면 나중 상태를 알 수 있다는 거야. 이것은 운동 방정식을 통해서 알 수 있는데, 도식적으로 보면 다음과 같아.

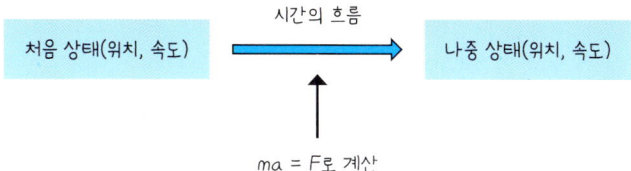

이와 같이 뉴턴 역학은 처음 상태를 얼마든지 정확하게 알 수 있다는 것을 전제로 하고, 나중 상태도 운동 방정식을 풀면 정확하게 예측 가능해.

이러한 뉴턴 역학에 비해 양자역학은 여러모로 다른 측면이 있어. 그 중 하나가 불확정성 원리야. 양자역학에서는 고전역학에서 말하는 상태라는 것을 정확히 알 수 없으며, 그 아는 것에 한계가 존재한다는 거야. 이러한 '상태를 확정지을 수 없음'을 불확정성이라고 하며, 그 불확정성의 정도를 수식으로 나타냈다는 것이 놀라운 거야.

$$\triangle(위치) \times \triangle(속도) \times 질량 \geq \frac{h}{2\pi}$$

속도와 질량을 곱하면 운동량이므로

$$\triangle(위치) \times \triangle(운동량) \geq \frac{h}{2\pi}$$

이 정확한 표현이야. 물체의 상태를 정확히 알 수 없는 이유는 앞에서 보았듯이 측정이 갖고 있는 한계 때문이야. 우리가 어떤 대상을 측정하려고 하면 반드시 빛이나 전자 등 물리적 도구를 사용해야 하므로 측정 오차의 한계가 있기 마련이며, 이 오차를 줄이는 방법이 원천적으로 한계성을 갖고 있다는 말이지.

한편, 불확정성 원리에 대한 가장 큰 오해 중의 하나는 불확정성 원리를 '불확실한 자연의 진행'이라고 잘못 생각하는 거야. 불확정성 원리는 자연의 시간적 진행을 말하고자 하는 것이 아니고 현재 상태를 측정해서 알아내는 데 한계가 있다는 것을 말하고자 하는 거야. 다만 이러한 한계가 어떤 방법을 써도 작게 할 수 없다고 한 구체적인 한계를 밝힌 것이 놀라운 일이지. 그러므로 양자역학에 의해서 미래가 불확실해진 것처럼 생각하는 것은 불확정성 원리를 오해한 것에 불과하지.

잠시 쉬어가는 이야기

대립적인 것은 상보적이다

상보성 원리는 보어가 1927년 양자역학의 해석을 위한 틀로 도입한 개념으로, 이 원리는 물리 현상에만 국한된 것이 아니라 생명 현상과 사회 현상까지도 광범위하게 적용될 수 있는 보편적인 지혜라고 볼 수 있지.

대립적이지만 보완적이라는 것이 상보성 원리의 핵심인 바, 우리 몸에서 교감 신경과 부교감 신경이 작용하는 모습과 유사하다고 할 수 있어. 즉, 교감 신경과 부교감 신경은 상호 대립적으로 작용하지만, 둘 다 있어야만 항상성을 유지할 수 있는 상보적인 관계인 거지.

보어는 입자와 파동이라는 두 개념은 거시적으로 보면 대립적이지만, 이 둘을 모두 써야만 원자 세계를 설명할 수 있다고 주장했어. 즉, 원자의 세계에서 입자성과 파동성은 상호 배타적인 것이 아니라 오히려 상호 보완적이라는 것이야. 보어는 상반되는 양 측면을 함께 사용해야만 원자세계를 제대로 기술할 수 있고, 이에 따라 실험을 설계하고 결과를 예측할 수 있다고 보았어.(물론 이 예측은 고전 물리에서와 달리 확률적으로만 가능해.)

상보성 원리와 밀접하게 관련이 있는 또 하나의 중요한 원리는 그 유명한 '불확정성 원리'인데, 상보성 원리가 철학적이고 포괄적인 진술이라고 한다면 불확정성 원리는 수학적인 진술이라고 할 수 있어.

알갱이의 위치를 정확히 측정하는 행위와 속도를 측정하는 행위가 서로 방해되기 때문에 동시에 엄밀하게 측정할 수 없지만, 이 알갱이에 관한 지식은 두 요소의 정보가 함께 있어야 완전해지므로 이들은 상호 보완적인 관계라고 보아야 한다는 거야. 상보성 원리는 불확정성 원리를 이해하는 인식론적 틀을 제공한다고도 볼 수 있지.

내용을 잘 이해했는지 확인해볼까?

* 정답은 376쪽에

1 전자가 1.10×10^6 m/s의 일정한 속력으로 직선 운동하고 있다. 이때 전자 속력은 0.1%의 정밀도로 측정되었다. 전자의 위치를 동시에 측정한다면 위치의 최대 정밀도는 얼마인가?

2 질량이 150g인 야구공의 속도가 (42±1)m/s로 측정되었다. 야구공의 위치에 있어서 불확정성은 얼마인가?

---

3 원자에서 전자는 들뜬 상태에 대략 10^{-8}s정도 머물러 있게 된다. 이런 경우 에너지에 있어서 불확정성은 최소 얼마인가?

**조금 더 어려운 문제들도
한번 풀어볼까?**

✳ 정답은 377쪽에

4 반지름이 1.0×10^{-15} m인 핵에 중성자가 있을 때 중성자가 가질 수 있는 최소의 에너지는 얼마인가?

5 만일 전자가 반지름이 대략 10^{-15}m인 핵 속에 있다고 하자.

1) 전자의 운동에너지가 수백 MeV가 됨을 보이시오.

2) 전자가 핵 속에 존재할 수 없음을 설명하시오.

창의적으로 생각하고 해결하는 문제에도 도전해보자

* 정답은 377쪽에

6 전파 망원경은 우주에 존재하는 수소 원자에서 발생한 전파를 주로 측정한다. 하지만 이러한 전파는 파장이 길어서 분해능이 떨어진다. 따라서 분해능을 높이기 위해서는 전파 망원경의 지름을 크게 해야 하는데, 하나의 전파 망원경의 지름을 크게 만드는데도 여러 가지 기술적인 한계가 있다.

이러한 기술적인 문제를 극복한 분해능이 좋은 전파 망원경의 원리를 설명하시오.

MEMO

상대성 이론 맛보기 교실

상대성 이론을
알아보기에 앞서

아인슈타인의 상대성 이론이 출현하기 전까지 시간과 공간은 보편적인 성질을 갖는 절대적인 것으로 생각되었어. 시간과 공간의 절대성은 어떤 물체의 길이를 누가 측정하여도 똑같고, 두 사건 사이의 시간도 언제 어디서나 똑같이 측정된다는 것을 의미하지.

이러한 절대성은 우리의 일상 경험에 비추어볼 때 의심할 여지 없는 사실처럼 보이지만, 상대성 이론에 따르면 이러한 경험은 물체나 관찰자의 속도가 빛의 속도에 비해 매우 느릴 때 나타나는 현상에 불과한 것이라고 해. 아인슈타인은 광속에 가까운 물리 상황에서는 상식과 전혀 맞지 않은, 상식과 전혀 다른 일들이 일어난다는 것을 밝혔어. 시간이 늘어나 보이거나 길이가 짧아 보이는 현상,

동시로 보이는 사건들이 관찰자에 따라 달라지는 현상 등은 시간과 공간을 별도로 분리해서 생각할 수 없는 하나로 생각해야 함을 말해주는 거야.

상대성 이론은 시공간과 에너지에 대한 깊고 방대한 이론이야. 여기서는 상대성 이론의 핵심인 시공간 현상을 중심으로 알아보려고 해.

광속일정의 원리

특수상대성 이론은 상대성 원리와 광속일정의 원리라는 두 개의 기둥 위에 구성되어 있어. 상대성 원리는 '등속 운동하는 모든 기준계에서 물리법칙은 동일하다.'라는 것인데, 이 원리는 갈릴레이 시절부터 이미 알려진 것으로 일상에서도 쉽게 느낄 수 있어. 예를 들면 조용하게 달리는 자동차에서 눈을

누가 움직이는 거지?

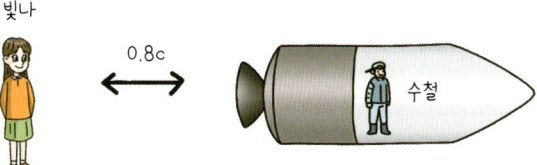

감고 있으면 자신이 정지해 있는지 운동하는지 알 수 없는데, 상대성 원리는 바로 이러한 현상을 설명할 수 있게 해주는 거야.

특수상대성 이론의 두 번째 원리인 광속일정의 원리는 경험을 통해 얻은 상식과 정면으로 상치되어 상대성 이론을 이해하기 어렵게 만드는 주범이야. 광속일정의 원리는 아인슈타인의 독창적인 업적인데, '진공 중에서 광속은 관찰자의 운동 속도에 관계없이 일정하다.'라는 것이지. 이 원리에는 상식적으로 받아들이기 어려운 부분이 있어. 광속일정의 원리는 지상에 서 있는 빛나가 보아도, 광속의 0.8배로 달리는 수철이가 보아도 빛의 속도는 c로 일정하다는 것인데 이것은 일상 생활에서 경험할 수 없는 어려운 원리이기도 해.

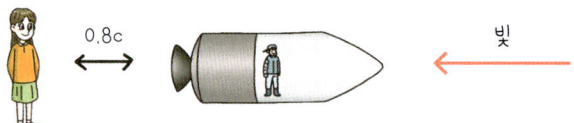

빛나, 수철이 모두 빛의 속력을 c로 측정한다.

아인슈타인이 이러한 비상식적인 결론을 이끌어낼 당시, 잘 알려진 물리법칙은 뉴턴의 운동방정식(1권, 151쪽_운동의 원인은 힘? 참고)과 맥스웰의 전자기 방정식이었어.

맥스웰 방정식으로 빛은 에테르라는 매질을 통해 전파되는 전자기파로 이해되었는데, 빛이 전자기파임을 입증하기 위해서는 에테르라는 매질의 실체를 밝히는 것이 매우 중요해졌지.(1권, 037쪽_읽을거리 참고)

그래서 1887년에 미국의 물리학자인 마이컬슨과 몰리는 새로운 실험을 진행했어.(1권, 036쪽_마이컬슨 빛의 속력 연구로 노벨상을 받다 참고) 지구가 에테르라는 매질 속에서 운동하는 경우, 지구의 운동 방향과 나란하게 운동하는 빛과 수직하게 운동하는 빛의 속도는 각각 달라질 것으로 가정한 다음 간섭계를 이용하여 그 속력의 차이를 구하는 실험이었지. 하지만 실험 결과는 예상과 달리 아무런 차이를 보여주지 못했고, 마이컬슨과 몰리는 에테르의 존재를 알 수 없다는 결과를 얻었어.

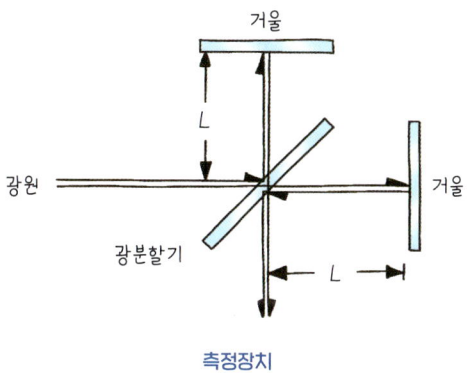

측정장치

특수상대성 이론을 구상할 당시 아인슈타인이 마이컬슨과 몰리의 실험 결과를 알고 있었다는 증거는 없어. 아인슈타인이 광속일정의 원리에 도달한 것은 마이컬슨과 몰리의 실험 결과와 상관없이 전혀 다른 사고 과정을 통해서라고 보아야 할 듯해.

아인슈타인은 스위스에서 고등학교를 다니면서 이미 '만약 관찰자가 광속으로 빛을 따라가면서 빛을 관찰한다면 어떻게 보일까?'라는 질문을 하고 있었다고 해. 이 질문은 물결파(탄성파)와 전자기파가 같은 종류의 파동일까에 대한 근원적인 물음이라고 볼 수 있어.

잔잔한 연못에서 퍼져나가는 물결파를 같은 속력으로 따라가면서 본다면 물결은 정지되어 보일 것이고, 파동이 정지한 마루와 골을 보게 될 거야. 마찬가지로 전자기파도 같은 속력으로 따라가 본다면 정지되어 있는 전기장과 자기장의 마루와 골을 보게 될 거야. 아인슈타인은 진공 중에서 마루와 골이 있는 정지된 전기장과 자기장이 있을 수 있는지를 질문한 거야. 아인슈타인은 맥스웰 방정식이 이러한 종류의 해를 허용하지 않는다는 점을 알았고, 바로 여기에서 출발하여 광속일정의 원리에 도달하였다고 해.(이에 대한 자세한 설명은 우리의 수준을 넘어서는 과정이니까 이 정도로만 알고 있는 것도 좋을 것 같아.)

당시 대부분의 물리학자들은 전자기파가 에테르라는 매질을 통해 전파되는 역학적 파동이라는 생각을 버릴 수 없어서 맥스웰 방정식을 수정하려고 했어. 하지만 아인슈타인은 맥스웰 방정식을 등속 운동하는 모든 기준계에서 진실로 받아들임으로써 역학적 파동 모

델의 핵심인 에테르를 폐기하고 진공 중의 전자기장의 파동현상을 그대로 인정했지. 맥스웰 방정식에 따르면 빛은 어느 관찰자에게도 정지되어 보일 수 없으므로 광속으로 달리는 관찰자도 있을 수 없고, 나아가 광속은 누구에게나 일정할 수밖에 없다는 논리적 결론에 도달한 거야.

동시성
(simultaneity)

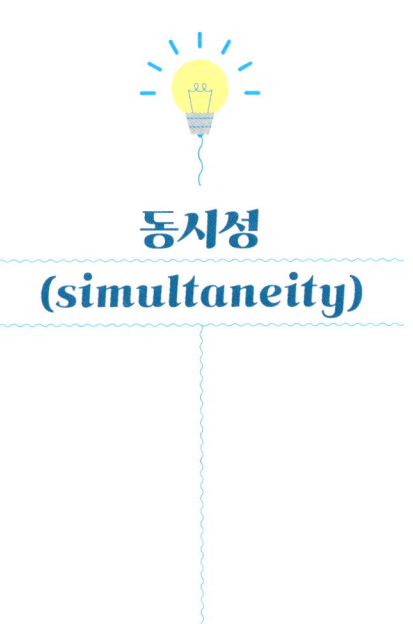

○ 시간이 모든 존재에게 보편적이라면 어떤 사람에게 동시에 일어난 두 사건은 다른 사람에게도 역시

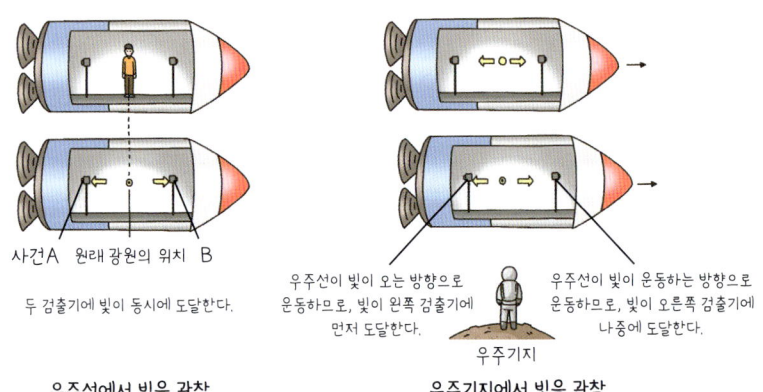

사건A 원래 광원의 위치 B
두 검출기에 빛이 동시에 도달한다.

우주선이 빛이 오는 방향으로 운동하므로, 빛이 왼쪽 검출기에 먼저 도달한다.

우주기지

우주선이 빛이 운동하는 방향으로 운동하므로, 빛이 오른쪽 검출기에 나중에 도달한다.

우주선에서 빛을 관찰   우주기지에서 빛을 관찰

(가)

동시에 일어나야 해. 짐작하듯이 상대성 이론은 이러한 절대 시간의 개념을 부정하는데, 광속일정의 원리가 이러한 동시성을 어떻게 파괴하는지를 함께 알아보자.

그림 (가)와 같이 어떤 행성에 있는 우주기지 앞을 오른쪽으로 v의 속력으로 가로질러 가는 우주선이 있다고 생각해봐.

이때 우주기지 안에는 관제사가 우주선의 운동을 관측하고 있고, 운동하는 우주선의 중앙에 있는 비행사는 우주선의 앞과 뒤에 설치된 빛 감지기를 향해 레이저 빛을 발사하고 있어. 비행사가 우주선의 앞쪽과 뒤쪽으로 동시에 빛을 보내면 비행사가 볼 때 두 빛은 양 끝에 동시에 도달할 거야. 이에 비해 우주기지의 관제사는 뒤쪽의 감지기는 빛을 향해 접근하고 앞쪽의 감지기는 빛과 같은 방향으로 운동하므로, 뒤쪽에 빛이 먼저 도달하는 것으로 보일 거야. 두 빛이 도달하는 시간은 각각

$$t_{앞} = \frac{l}{c-v}, \quad t_{뒤} = \frac{l}{c+v}$$

이지. 비행사가 두 사건을 동시로 보는 것은 광속일정의 원리 때문이야. 광속일정의 원리가 적용되지 않는다면 비행사도 물체의 운동에 관한 절대 기준으로 빛의 속력을 볼 것이기 때문에 빛의 속도는 각각 $c \pm v$가 될 것이고, 그에 따라 뒤쪽에 빛이 먼저 도달한다고 결론을 내릴 거야.

> 공간적으로 떨어져 있는 두 사건이 한 기준계에서 동시인 것은
> 그 기준계에 대하여 상대적으로 운동하고 있는 다른 기준계에서는
> 동시가 아님을 알 수 있다.

동시성을 생각해 볼 수 있는 좀 더 복합적이고 실제에 가까운 경우를 생각해 보자.

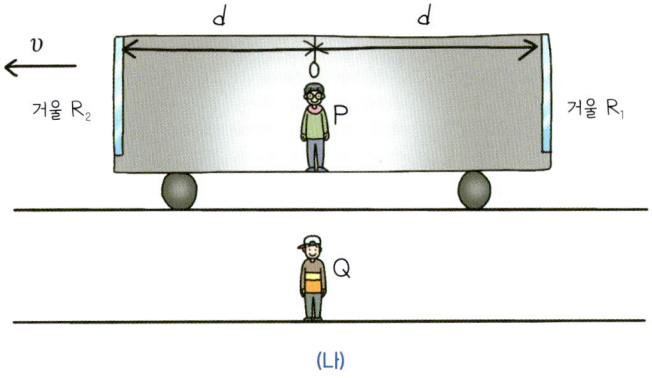

(나)

그림 (나)와 같이 길이가 $2d$인 기차의 정중앙에 양쪽으로 발사되는 레이저 발생기와 빛 신호 수신기를 설치하고, 기차의 양 끝에 레이저 빛을 반사하는 거울을 설치했다고 생각해봐.

기차는 왼쪽으로 일정한 속력으로 운동하고 있어. 이때 기차 안의 관찰자 영특이는 레이저가 양쪽으로 동시에 발사된 후, 약간의 시간이 흐르면 레이저 빛이 동시에 수신되는 것을 측정할 거야. 왜냐하면 빛이 양쪽으로 같은 거리 d만큼 왕복하기 때문이지. 이에

비해 지상의 관찰자 수철이는 오른쪽 거울에 반사된 빛이 먼저 도달하는 것을 측정할 거야. 왜냐하면 오른쪽 거울은 다가오고 있고 왼쪽 거울은 멀어지기 때문이야. 그래서 관찰자 영특이에게 동시에 일어난 사건이 관찰자 수철이에게는 더 이상 동시에 일어난 일이 아닌 것이야.

시간의 늘어남

○ 그림 (가)는 간격이 L만큼 떨어진 두 개의 거울과 광원 및 검출기로 구성된 가상적인 빛 시계의 얼개를 나타낸 거야. 빛 시계는 아래 거울 R_1의 중앙에 설치된 광원에서 방출된 빛이 거울 R_2에서 반사되어 다시 R_1의 중앙에 설치된 검출기로 들어오도록 되어 있어.

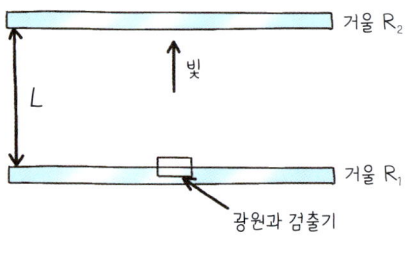

(가) 빛시계의 얼개

이 빛 시계를 이용하면 관찰자의 운동 속도와 시간이 어떻게 관련되어 있는지 개념적으로 좀 더 분명하게 파악할 수 있어.

똑같은 시계를 2개 만들어 하나는 지상에 정지시켜 놓고, 다른 하나는 등속 운동하는 자동차에 장치한 다음 두 시계의 똑딱 소리를 비교해 볼까? 이때 두 거울 간의 간격 L은 두 기준계에서 동일한 값을 갖기 위하여 자동차의 운동 방향은 빛의 진행 방향과 수직이 되도록 잡아야 해.

등속으로 운동하는 자동차를 타고 있는 사람이 자기 시계를 보면 한번 왕복하는데 걸린 시간은 $t_0 = \frac{2L}{c}$ 이고, 지상에 정지한 사람이 자기 시계를 보아도 시계가 한번 똑딱이는데 걸리는 시간은 $t_0 = \frac{2L}{c}$ 일 거야. 이 시간 t_0는 시계의 운동과 무관하게 주어지는 고유한 값으로 고유 시간이라고 해.

> 시계의 운동과 무관하게 주어지는 고유한 값을 고유 시간(proper time)이라고 한다.

이제 자동차에 있는 시계를 지상의 관찰자가 볼 때 빛이 한번 왕복하는데 시간이 얼마나 걸리는지 계산해보자.

뒤에 나오는 그림 (나)는 속도 v로 달리는 시계와 빛이 왕복하는 운동을 나타낸 거야. 빛이 왕복하는데 걸린 시간을 t라고 하면 그 사이 거울은 vt만큼 진행하지. 빛의 속력은 여전히 c이므로 그림에서 피타고라스 정리를 적용하면

$$\left(\frac{ct}{2}\right)^2 = L^2 + \left(\frac{vt}{2}\right)^2$$

을 구할 수 있고, 여기서 t를 구하면

$$t = \left(\frac{2L}{c}\right)\frac{1}{\sqrt{1-\left(\frac{v}{c}\right)^2}}$$

야. 여기서 $t_0 = \frac{2L}{c}$ 이므로

$$t = \frac{t_0}{\sqrt{1-\left(\frac{v}{c}\right)^2}}$$

를 구할 수 있어.

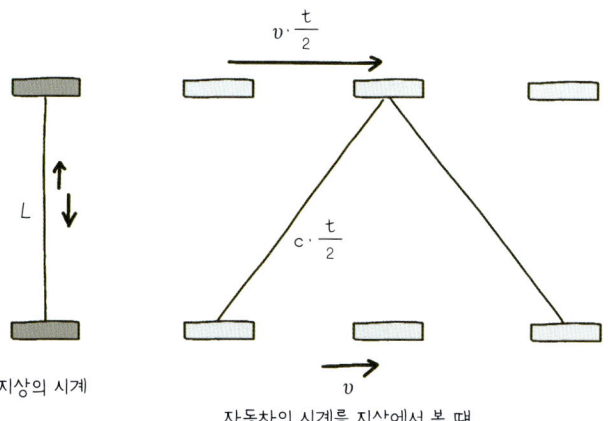

(나) 등속도로 운동하는 빛 시계에서 빛의 운동

이 결과는 운동하는 시계의 1초간 길이가 고유 시간의 1초간 길이보다 길다는 것을 의미하는 것으로 운동하는 시계가 느리게 간다는 거야.

μ입자의 수명

일상 생활에서는 물체의 속력이 빛의 속력에 비해 매우 느리기 때문에 $\frac{v}{c}$는 매우 작은 값이야. 예를 들면 음속에 가까운 속력으로 날아가는 비행기도 $v \simeq 300\text{m/s}$ 정도에 불과하므로 시간이 늘어나는 비율은

$$\frac{t}{t_0} = \frac{1}{\sqrt{1-(\frac{300}{3\times 10^8})^2}} \simeq 1 + 0.5 \times 10^{-12}$$

로 매우 작아. 따라서 우리의 감각으로 상대론적인 시간의 느려짐을 경험하는 것은 불가능에 가깝지. 하지만 핵이나 소립자의 세계에서는 입자의 속도가 빛의 속도에 근접하는 상황이 흔한 일이어서 상대론적 효과를 어렵지 않게 볼 수 있어.

예를 들어 중간자의 일종인 μ입자(뮤온, 전자 질량의 약 200배임)는 정지해 있을 때 평균 수명이 2×10^{-6}s에 불과하므로, 우주선(cosmic ray)에서 발견되는 μ입자들은 보통 속력이 $v = 2.995\times10^{8}$m/s이어서 대류권 상층부에서 생성된 후 없어질 때까지 평균적으로 운동한 거리는

$$L = vt_0 = (2.995\times10^8) \times (2\times10^{-6}) \simeq 600\text{m}$$

정도로 생각할 수도 있어. 다시 말하면 지표면에 도달하는 μ입자는 없다는 뜻이야. 하지만 실제 실험은 지표면에서도 μ입자가 관측된다고 하는데, 이러한 모순은 왜 생긴 것일까?

그 까닭은 지표면에 정지한 기준계에서 볼 때 μ입자의 수명이 잘못 계산된 거야. 앞에서 사용한 시간은 μ입자의 고유시간인데, 지면에서 관측되는 μ입자의 수명은

$$t = \frac{t_0}{\sqrt{1-(\frac{v}{c})^2}} = \frac{2\times10^{-6}}{\sqrt{1-(0.998)^2}} \simeq 31.7\times10^{-6}(\text{s})$$

야. 따라서 μ입자가 생성된 후 소멸할 때까지 이동한 거리는

$$L' = vt = (2.995\times10^8) \times (31.7\times10^{-6}) \simeq 9.5\times10^{3}(\text{m})$$

가 되어 관측결과를 잘 설명할 수 있어. μ입자 외에도 소립자 가속기에서 생성되는 많은 높은 에너지를 갖는 입자들의 경우에도 수명이 늘어나는 것은 마찬가지 원리야.

길이의 줄어듦

앞의 예에서 μ입자의 진행 거리를 지상의 관찰자가 아닌 μ입자 기준계에서 생각해 보면 길이가 줄어드는 현상을 느낄 수 있어. 즉, μ입자의 생존 시간은 $t_0 = 2 \times 10^{-6}$s이므로, μ입자 자신은 정지해 있고 지구가 v의 속력으로 달려왔다고 생각할 수 있어. 이때 지구가 이동한 거리는 $L = vt_0 = 600$m이고, 반면 지상의 관찰자는 μ입자가 $L_0 = vt = 9,500$m를 운동했다고 생각하는 거야.

이러한 관점의 차이는 입자의 수명을 다르게 보아서 생긴 것으로 산술적으로

$$L = L_0 \left(\frac{t_0}{t}\right) = L_0 \sqrt{1-\left(\frac{v}{c}\right)^2}$$

임을 알 수 있어. 즉, 관찰자에 따라 거리가 달라 보일 수 있다는 거야. 여기서 L_0는 측정하려는 거리가 있을 때 그것과 정지 상태에 있는 기준계에서 본 것이며 이것은 물체의 고유한 거리이므로 고유 길이라고 해.

> 어떤 물체가 정지되어 있는 것으로 보이는 계에서 측정한 길이를 고유 길이(proper length)라고 한다.

이에 비해 L은 좌표 거리라고 하는데, 관찰자가 자신에 대해 운동하는 물체의 길이를 재는 것으로, 물체의 운동 속력에 따라 길이가 달라질 수 있어. 이때 달라지는 비율은 $\sqrt{1-(\frac{v}{c})^2}$로 주어지지.

그럼, 기준계의 상대적인 운동에 의해 길이가 줄어드는 효과를 좀 더 직접적으로 살펴보자.

그림 (가)처럼 막대 AB에 대해 정지해 있는 관찰자 영특이와 막대에 대해 일정한 속력 v로 운동하는 로켓을 타고 있는 관찰자 빛나가 있다고 하자.

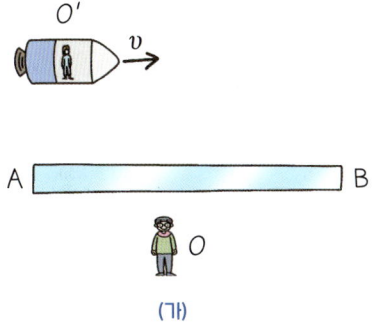

(가)

두 관찰자는 로켓이 A에서 B까지 이동하는 데 걸리는 시간을 이용하여 막대의 길이를 측정하려고 해. 걸린 시간을 측정한 결과 영특이가 측정한 시간은 Δt였고, 빛나가 측정한 시간은 $\Delta t'$이었어. 따라서 각각의 관찰자가 계산한 막대 두 끝 사이의 거리 L_0와 L은 다음과 같아.

$$\text{관찰자 영특이} : L_0 = v \Delta t$$
$$\text{관찰자 빛나} : L = v \Delta t'$$

그런데 시간의 늘어남에서 배운 것처럼 관찰자 영특이가 측정한 시간 Δt와 관찰자 빛나가 측정한 시간 $\Delta t'$ 사이에 다음과 같은 관계가 성립하잖아.

$$\Delta t = \frac{\Delta t'}{\sqrt{1-(\frac{v}{c})^2}}$$

이 결과를 위 식에 대입하면

$$L_0 = v \times \frac{\Delta t'}{\sqrt{1-(\frac{v}{c})^2}} = \frac{L}{\sqrt{1-(\frac{v}{c})^2}}$$

가 되고, 이것을 정리하면

$$L = L_0 \sqrt{1-(\frac{v}{c})^2}$$

임을 알 수 있어. 다시 말하면 운동하는 물체의 길이가 줄어든다는 거지.

현재 우리 은하에서 가장 가까운 거대 은하인 안드로메다까지는 거리가 250만 광년이라고 하는데, 이것은 빛의 속력으로 가도 250만 년이 걸린다는 뜻이지.

이런 생각은 맞는 얘기일까?

조금 전에 배운 상대성 이론을 생각해보면 이런 상식을 뒤엎을 수도 있어.

만일 우리 인류의 과학기술이 비약적으로 발전하여 광속에 가까운 속력으로 운동하는 우주선을 만들 수 있다면…! 안드로메다 은하까지 가는데 250만 년이 아니라 1년 안에 다녀올 수도 있어. 왜냐하면 빠르게 운동하는 우주인에게 250만 광년이라는 공간적 길이는 1광년 정도로 줄어들 수 있기 때문이야. 물론 우주선을 발사하는 우주기지에 있는 사람이 볼 때는 여전히 250만 년이 걸리겠지만 말이야.

시공간 도형
(심화)

○ 특수상대성 이론을 정확하게 이해하려면 시공간 좌표계를 이용해야 해. 일반적으로 시공간은 1개의 시간 좌표와 3개의 공간 좌표를 합하여 4차원으로 나타내는데, 3차원 공간에 4차원을 그려야 하는 한계 때문에 편의상 1개의 시간 축과 1개의 공간 축으로 구성된 2차원 평면에 시공간도를 그리기도 해.

아래 그림 (가)는 정지해 있는 물체의 세계선을 2차원 시공간에 그린 거야. 가로축은 공간을 나타낸 것이고 세로축은 시간을 나타낸 것인데, 좌표의 단위를 거리로 맞추기 위하여 t대신 ct를 쓴거야. 여기서 c는 진공 중의 빛의 속력이지. 한 점 ε는 공간적 위치와 시간을 포함하는 사건(event)이라고 해. 사건은 t_0인 순간 x_0의 위치에만 존재하는, 즉 그 순간 그 시간에 나타났다가 사라지는 것이지.

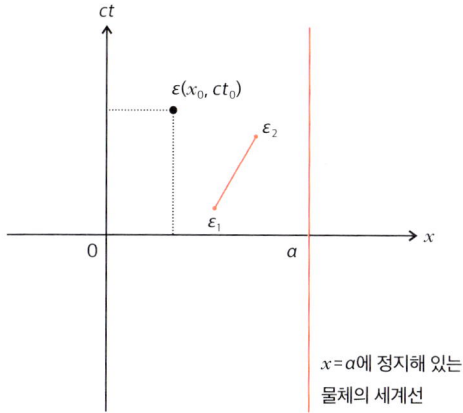

(가) 정지해 있는 물체의 세계선

　상대성 이론에서는 세계라는 것은 좌표 평면상의 모든 점인데, 따라서 세계를 물체의 집합으로 보는 것이 아니라 시공간도에서 사건들의 집합으로 보는 입장이야. 그러므로 시공간도에서 하나의 물체는 하나의 점이 아니라 하나의 선으로 나타나는데, 예를 들면 그림 (가)의 $x=a$인 직선은 $x=a$에 물체가 정지해 있는 것을 나타낸 거야.

　물체는 시공간도에서 연속적으로 일어나는 사건의 집합체임을 알 수 있고, 따라서 사건이 물체보다 더 기본적인 개념임을 알 수 있지. $x=a$인 직선과 같이 물체를 나타내는 선을 그 물체의 세계선(world line)이라고 해. 물체가 세계에 존재하는 방식이라고 하면 될 것 같아.

　그러면 사건 ε_1과 ε_2를 연결한 선분은 어떻게 해석할 수 있을까?

ε_1에서 갑자기 나타나서 일정한 속력으로 운동하다가 ε_2에서 갑자기 사라지는 어떤 현상이라고 할 수 있어. 물체라고 할 수 없는 까닭은 ε_1과 ε_2에서 나타남과 사라짐에 대한 인과적 설명을 할 수 없기 때문이야.

시공간도에서 물체의 속도는 세계선의 기울기야. 그림 (나)의 세계선 A는 일정한 속도로 x축 상을 달리는 물체를 나타내는데, 물체의 속력이 v일 때 속력과 직선의 기울기 사이의 관계는 $\tan\theta = \dfrac{v}{c}$야. 빛의 경우 속력이 $v = c$이므로 기울기가 1($\theta = 45°$)인 직선이 되지.

물체 B는 $-\infty < t < \infty$시간 동안 일정한 가속도로 가속되는 세계선을 나타낸 것으로, 세계선의 기울기가 양극단으로 갈수록 ± 1인 직선에 접근하는 것은 특수상대성 이론에서 물체의 속력이 광속을 넘어설 수 없음을 보여주는 거야.

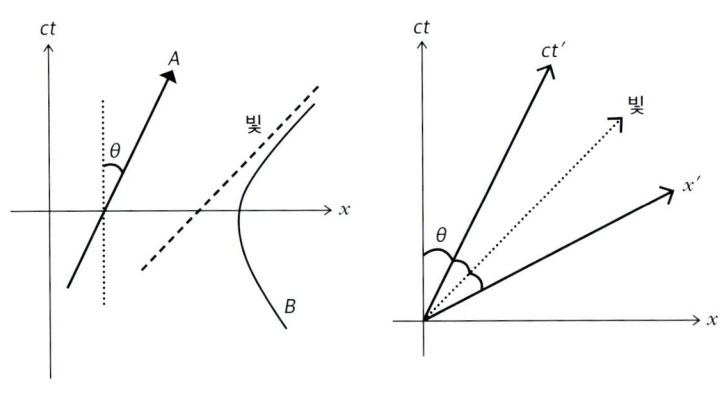

(나) 운동하는 물체의 세계선   (다) 운동하는 기준계의 좌표축 정하기

이제 속도가 v로 일정한 로켓의 기준계를 생각해 보자. 이 관찰자의 세계선은 기울기가 $\tan\theta = \dfrac{v}{c}$인 각도 θ인 직선인데, 그림 (가)와 같이 $x = a$의 세계선이 시간축과 나란하듯이 바로 이 직선이 속력 v로 운동하는 관찰자의 시간축 ct'가 되는 거야. 시간축이 결정되면 공간축 x'는 광속일정의 원리에 의하여 결정할 수 있는데, 운동하는 관찰자에게 있어서도 여전히 빛의 속도는 c이어야 하므로 빛의 경로에 대해 대칭인 지점에 공간 축 x'가 설정되어야 해.

그림 (라)는 시공간도에서 임의의 사건 ε에 대하여 두 관찰자는 각각 $\varepsilon(c_1, ct_1), \varepsilon(x_1', ct_1')$로 표현할 것인데, 좌표값을 결정하는 방법은 그래프에서 볼 수 있듯이 관찰자의 좌표축에 평행선을 그었을 때 축과 만나는 점을 읽으면 돼.

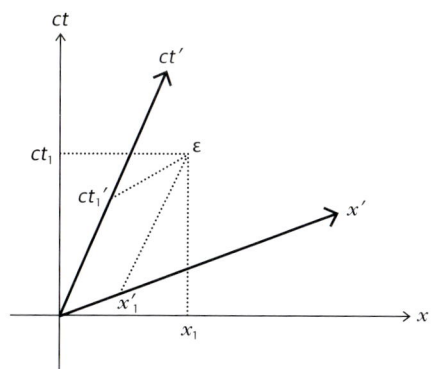

(라) 기준계에 따른 사건의 표현

내용을 잘 이해했는지
확인해볼까?

* 정답은 377쪽에

 속력이 0.8c인 우주선 내의 시계의 1초는 지상에 있는 시계의 몇 초에 해당하는가?

 지상에서 볼 때의 1광년의 거리는 속력이 0.8c인 우주선에서 보면 얼마로 보이는가?

3 뮤온의 수명

1) 뮤온의 고유 수명이 $2.20\mu s = 2.20 \times 10^{-6}s$일 때 실험실계에서 속력이 $v = 0.6c = 1.8 \times 10^8 m/s$인 뮤온의 수명은 얼마인가?

2) 뮤온은 실험실계에서 평균적으로 얼마나 날아가는가?

3) 길이가 줄어드는 효과로 뮤온의 문제를 설명하시오.

조금 더 어려운 문제들도 한번 풀어볼까?

* 정답은 378쪽에

4 아래의 내용을 토대로 상대론적인 시간의 늘어남 효과를 원자시계의 정밀도와 비교하시오.

GPS 위성은 대략 4km/s = 4000m/s정도로 운동한다.
10^{13}분의 1초의 정밀도를 지닌 원자시계의 정밀도와 비교할 때 상대론적인 효과는 결코 무시할 수 없다.
따라서 성능이 좋은 GPS 수신기는 시간이 늘어난 효과를 보정해야 한다.

5 기차 승강대의 고유 길이는 200m이다. 기차가 승강대의 한쪽 끝에서 다른 쪽 끝까지 가는데 기관사가 보기에 5×10^{-7}s가 걸렸다. 기차와 승강대의 상대 속도는 얼마인가?

창의적으로 생각하고 해결하는 문제에도 도전해보자

※ 정답은 379쪽에

6 쌍둥이 역설을 조사하고, 역설이 아닌 이유를 설명하시오.

7 안드로메다 은하는 지구로부터 250만 광년의 거리에 있다. 이 은하까지 가려면 빛의 속력으로 날아가도 250만 년이 걸린다고 생각할 수 있다. 이러한 생각이 잘못된 생각임을 설명하고, 인류가 안드로메다 은하처럼 멀리 있는 우주 공간으로 여행할 수 있는 가능성에 대하여 토론해보자.

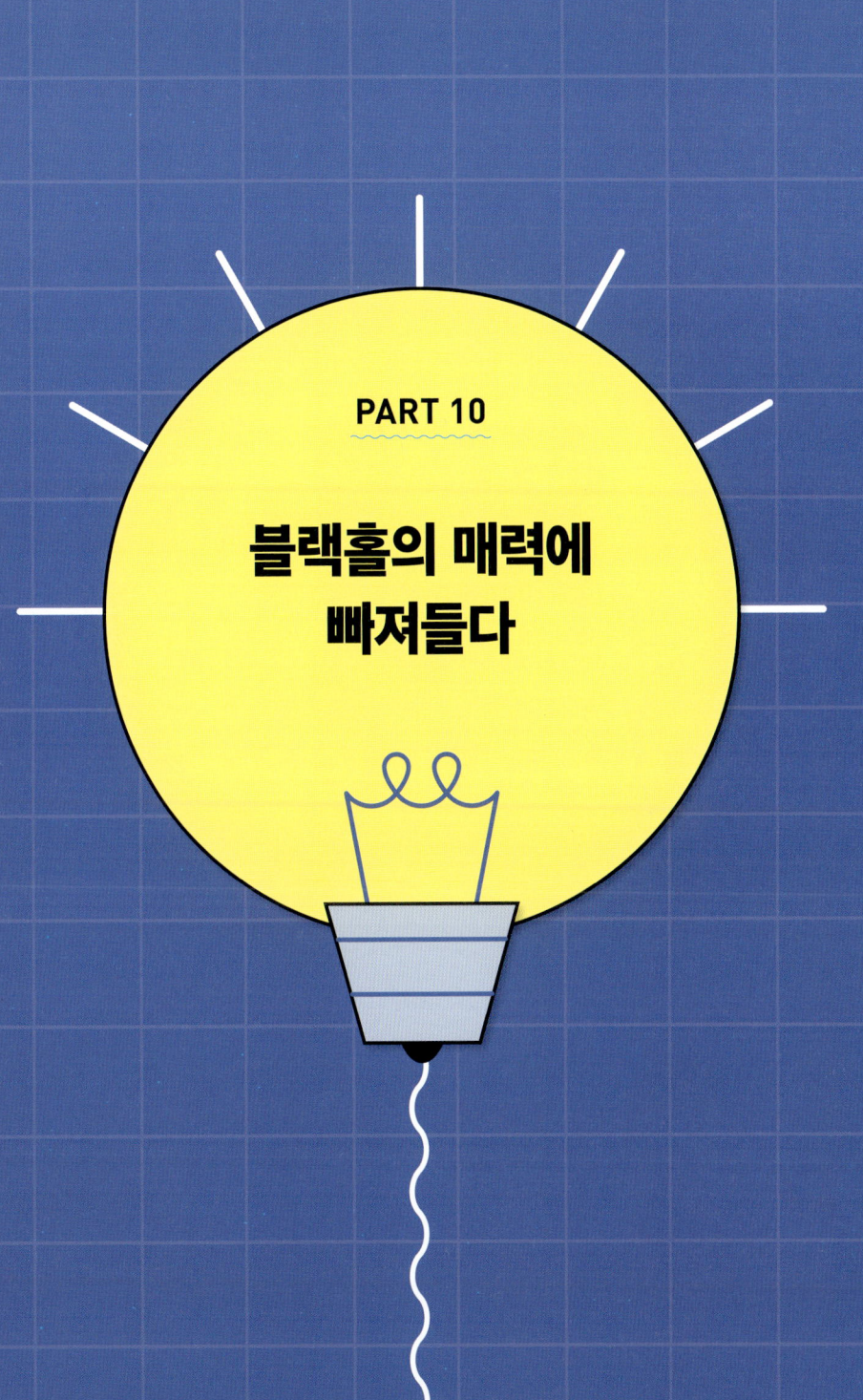

등가 원리와 일반상대성 이론 교실

만유인력 법칙의 한계

○ 특수상대성 이론은 거의 300년 이상 태양계에 성공적으로 적용되었던 뉴턴 역학이 더 이상 옳지 않을 수도 있음을 보여주게 되었어. 뉴턴 역학은 중력에 의한 상호 작용이 질량을 가진 물체 사이에 동시에 즉각적으로(instantaneous) 작용한 것으로 보는데, 어떤 순간 t일 때 질량 m_1이 질량 m_2에 작용하는 중력 $\vec{F}_{12}$의 크기는

$$F_{12} = \frac{Gm_1m_2}{|\vec{r}_1(t)-\vec{r}_2(t)|^2}$$

이야. 위 식에서 $\vec{r}_1(t)$, $\vec{r}_2(t)$는 동일한 순간에 입자들의 위치를 나타내기 때문에 $|\vec{r}_1(t)-\vec{r}_2(t)|$가 거리를 나타내고 있어. 특수상대성 이론에

서는 상대적으로 운동하는 기준계에 따라 $\vec{r_1}(t)$는 $\vec{r_1}(t_1)$으로 $\vec{r_2}(t)$는 $\vec{r_2}(t_2)(t_1 \neq t_2)$가 되므로 거리를 정의할 수 없게 되어서 만유인력 법칙을 쓸 수 없게 되지. 뉴턴의 중력에 대한 법칙은 오직 한 기준계에서 성립할 뿐이고, 다른 모든 기준계에서 성립한다는 보장이 없다는 거지. 따라서 중력에 대한 뉴턴 법칙은 상대성 원리와 양립할 수 없어.

등가원리
(equivalence principle)

등가원리는 아인슈타인이 일반 상대성 이론을 구성하는데 있어서 결정적인 역할을 한 원리야. 아인슈타인은 그 발견을 이렇게 적고 있어.

> "중력장은 단지 상대적인 존재에 불과하다.
> 지붕에서 자유낙하 하는 관찰자에게 적어도 자유낙하하는
> 그의 주변에서는 중력장이 존재하지 않기 때문이다.
> 실제로 자유낙하 하는 관찰자가 어떤 물체를 들고 있다가 놓으면
> 그 물체는 물체의 화학적 조성이나 물리적 특성에 관계없이
> 관찰자에 대해 정지해 있거나 등속운동한다.
> (물론 공기의 저항은 무시한다.)
> 바로 그 관찰자는 그의 상태를 정지상태로 해석할 권한을 갖게 된다."

아인슈타인이 예로 들었던 지붕에서 자유낙하하는 관찰자의 현대적 표현은 지구 주위를 돌고 있는(지구 주위에서 자유낙하하는) 인공위성 속의 우주 비행사 정도일 거야. 인공위성 속에 있는 우주 비행사는 무게가 없어. 뿐만 아니라 인공위성 내에서 자유롭게 운동하는 컵, 쇠공, 깃털 등 모든 물체들은 정지해 있거나 일정한 속도로 운동을 하지.(공기의 저항은 무시하기로 해.) 짧은 시간 동안 그러한 물체의 운동에 대한 정보를 바탕으로 우주 비행사는 그들이 지구의 중력장 속에서 자유낙하하는 것인지 아니면 중력장이 없는 텅 빈 공간에 정지해 있는 것인지를 정확하게 말할 수 없어. 실제로 중력장은 우주선과 같은 자유낙하하는 기준계에서 완전히 사라진다고 볼 수 있어.

중력 질량과 관성 질량의 등가성은 이러한 결론(등가원리)에 도달하는데 있어서 핵심적인 역할을 하지. 쇠공이나 깃털이 지구를 향해 다른 가속도로 떨어진다면 인공위성 내부에서 이러한 물체들은 서로에 대하여 가만히 정지해 있거나 등속 운동을 하지 못해.

중력 질량과 관성 질량의 등가성은 중력장이 자유낙하에 의하여 완전히 제거될 수 있음을 의미할 뿐만 아니라 가속에 의하여서도 중력장을 만들어낼 수 있음을 의미해.

달의 표면이나 혹은 다른 중력장이 존재하는 물체의 표면에 고정된 밀폐된 작은 실험실에 연구원이 있다고 생각해보자. 실험실은 적어도 연구원이 검증할 수 있는 한 충분한 정밀도로 균일한 중력장이 될 수 있을 만큼 작아. 연구원은 그 안에서 여러 가지 실험을 할 수 있지. 예를 들어 쇠공과 깃털을 떨어뜨리면, 그 둘은 실험실 바닥에

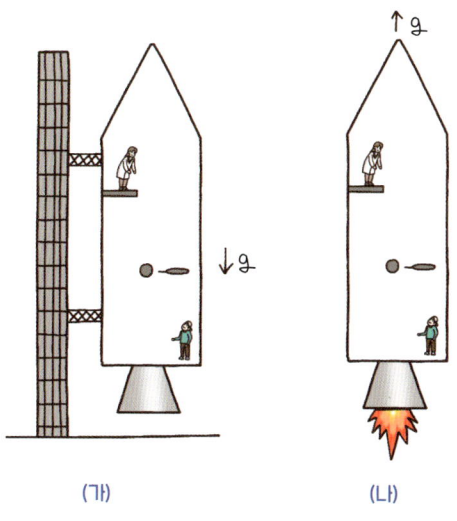

(가)　　　　　(나)
관성계와 가속계에서 등가원리에 대한 실험

같은 가속도로 떨어지게 될 거야. 왜냐하면 중력 질량과 관성 질량이 같기 때문이지.

이와 똑같은 실험실이 텅 빈 우주 공간에도 있다고 해 보자. 이 실험실은 텅 빈 우주 공간에서 일정한 가속도 g로 가속되고 있어. 실험실 내부의 연구원은 바닥을 향해 같은 가속도로 떨어지는 쇠공과 깃털을 관찰하게 될 거야.

이와 같이 동일한 현상이 나타나기 때문에 연구원은 실험실이 일정한 중력장에서 가속되지 않은 채로 있는 것인지, 텅 빈 공간에서 가속되는 것인지를 말할 수 없어.

두 실험실은 실험의 측면에서 보면 동등하다고 볼 수 있어. 쇠공이나 깃털의 운동에 관한 실험에서 볼 수 있듯이 균일한 중력장[그림 (가)]과 일정한 가속도[그림 (나)]를 구별하는 실험이 없는 것은 바로 중력 질량과 관성 질량의 동등성이 성립함을 의미해.

아인슈타인의 등가원리는
균일한 중력장과 일정한 가속도를 구별할 수 있는 실험은
없다는 것을 알려준다.

등가원리의 강력함은 그것을 모든 물리 법칙에 적용할 수 있다는 데 있어. 한 예로 우리가 등가원리를 받아들이면, 빛도 물체와 마찬가지로 중력장에서 자유낙하한다는 것도 받아들여야만 해. 등가원리는 빛이 중력장에서 어떻게 자유낙하하는지를 알려주기 때문이지.

텅 빈 공간의 관성계에서 빛은 직선 운동을 할 거야. 그림 (다)와 같이 만일 빛의 운동 방향과 수직으로 가속되는 실험실에서 빛을 관찰한다고 해보자. 실험실 기준계에서 빛은 그것이 들어가는 바로 아래 위치에 있는 구멍으로 나올 거야. 왜냐하면 빛이 실험실을 가로질러 가는 동안 실험실이 위쪽으로 가속되기 때문이야. 따라서 실험실 기준계에서는 빛은 실험실이 가속되는 그 가속도로 아래쪽으로 가속되어야만 해. 이와 같이 등가원리로부터 균일한 중력장에서와 동일한 거동이 일어남을 추론할 수 있어. 즉, 빛은 균일한 중력장에서 아래쪽으로 가속된다는 거지.

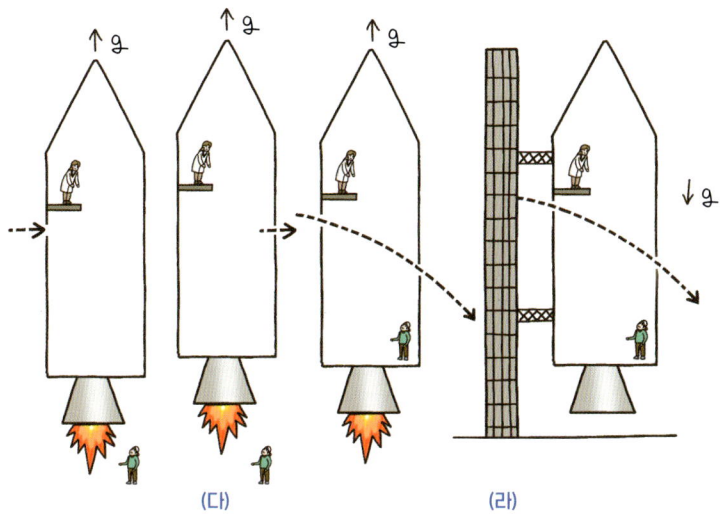

가속 운동하는 기준계에서 빛의 운동

그림 (다)의 첫 번째, 두 번째 그림은 외부의 관성계에서 보았을 때
빛이 로켓을 가로질러가는 모양을 그린 것으로 빛의 경로는 직선이다.
그림 (다)의 세 번째 그림과 같이 로켓 기준계에서 보면
빛이 로켓 내부 공간을 가로지르는 시간 동안
로켓이 가속되었으므로 빛은 로켓이 가속된 거리만큼의 아래쪽 구멍을 통과할 것이다.
즉, 가속되는 로켓 내부에서는 빛의 경로가 휘어진다.
이것은 그림 (라)에서 볼 수 있듯이 빛이 일정한 중력장에서 휘어지는 것과 같다.

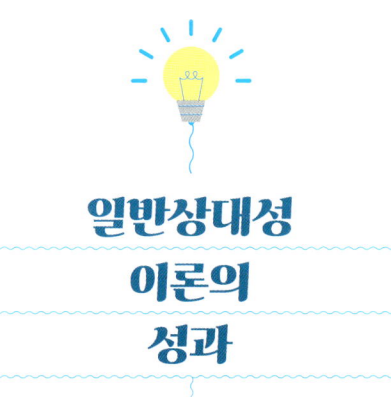

일반상대성 이론의 성과

빛의 휘어짐과 중력렌즈 현상

1916년에 일반상대성 이론이 발표되고 이 이론에 따라 상식적으로 생각하기 어려운 다양한 현상이 예측되었어. 그 중에서 중력에 의한 별빛의 휘어짐 현상을 관측하게 된 것이 아인슈타인을 일약 스타로 만들었지.

1919년에 영국의 천문학자 에딩턴은 일식이 일어날 때 태양 근처에서 별빛이 휘어지는 것을 확인했어. 평소에 태양에 가려져서 지구에서 보이지 않아야 하던 별이 일식이 일어날 때 태양의 가장자리에서 보이는 현상이 관측된 거야. 그러한 이유는 그림 (가)에서 볼 수 있듯이 태양의 중력장에 의해 별빛이 휘어지는 효과 때문이야.

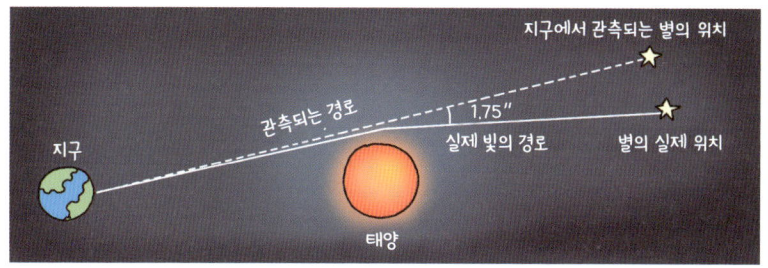

(가) 별빛의 휘어짐

(나) 아인슈타인의 십자가
출처_ NASA, ESA, STScI

　그 후 천체 관측 기술이 발전함에 따라 중력에 의하여 별빛이 휘어지는 효과 때문에 나타나는 다양한 현상이 관측되었어. 이러한 현상을 중력렌즈 현상이라고 해.

　그림 (나)는 1985년에 허블 망원경으로 관측한 퀘이사 사진인데, 아인슈타인의 십자가라고 불리는 현상이야. 사진 중앙에 있는 천체는 멀리 떨어진 은하단이며, 주변에 밝게 빛나는 4개의 천체는 은하단 뒤쪽에 있는 하나의 퀘이사가 여러 개로 보이는 거야.

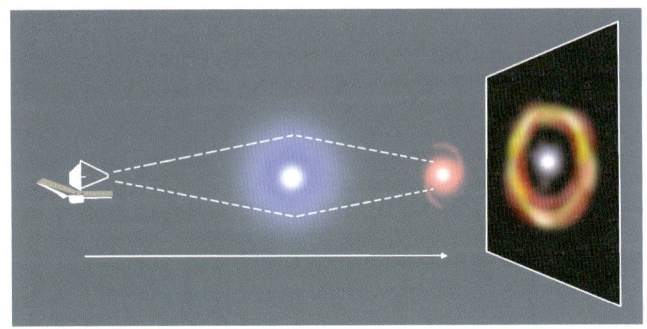

(다) 아인슈타인 링

중력렌즈 현상의 다른 예로 아인슈타인 링이 있어. 그림 (다)는 아인슈타인 링의 원리를 보여주고 있어.

제임스 웹 우주 망원경이 관측한 120억 광년 정도의 은하가 중력렌즈 현상으로 인한 아인슈타인 링을 보여주고 있어. 이러한 현상이 나타나려면 두 은하와 지구가 거의 완벽하게 일렬로 정렬되어 있어야 해. 앞쪽 은하의 중력으로 인해 뒤쪽 은하의 빛이 렌즈를 통해 보는 것처럼 왜곡되고 확대되어 보이지.

• **수성 근일점의 세차 운동** 수성 궤도의 세차 운동은 일반상대성 이론이 나오기 전에도 알려져 있었으나 뉴턴의 중력이론으로는 관측값을 정확하게 설명할 수 없었어. 그림 (라)와 같이 수성은 태양을 초점으로 타원궤도 운동을 하는데, 궤도에서 태양과 가장 가까이 있는 점을 근일점이라고 해. 이때 타원의 축이 약간씩 회전하면서 근일점의 위치가 변하는 현상을 근일점 세차 운동이라고 하는 거야.

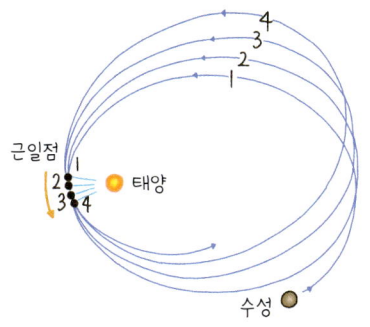

(라) 수성의 근일점 세차 운동

그림을 잘 보면 수성의 근일점이 1 → 2 → 3 → 4 → …로 이동하는 것을 볼 수 있는데, 이러한 수성의 경우 100년에 574″정도 세차 운동을 하지.

금성이나 목성과 같은 태양계 내의 다른 행성의 중력을 고려해도 100년에 43″의 오차를 줄일 수가 없었는데, 아인슈타인은 이 43″의 오차를 일반상대성 이론을 근사하여 정확하게 설명해 냈어.

• **중력파의 발견** 2015년 9월 두 개의 블랙홀이 충돌하면서 발생한 중력파가 최초로 검출되었어. 그리고 검증을 거쳐 2016년 2월 11일, 중력파를 최초로 관측하는데 성공했음을 발표했지. 실제로 아인슈타인은 일반상대성 이론을 통해 중력파의 존재를 예측했지만, 관측 가능성에 대해서는 부정적이었어.

하지만 1974년에 미국의 물리학자 테일러와 헐스는 중성자별 두 개가 서로의 주변을 돌면서 거리가 점점 가까워지는 현상을 확인했어. 그리고 이러한 현상을 회전하는 두 별이 중력파를 방출하면서 에너지를 잃고 공전 궤도가 짧아지는 것으로 해석했어. 이러한 해석은 곧 아인슈타인의 예측이 사실로 증명된 것이나 마찬가지야.

그림 (마)의 가로축은 시간, 세로축은 공전 주기의 변화를 나타내는 것으로 1975년부터 2005년까지 30년간의 변화과정을 관측한 결과야.

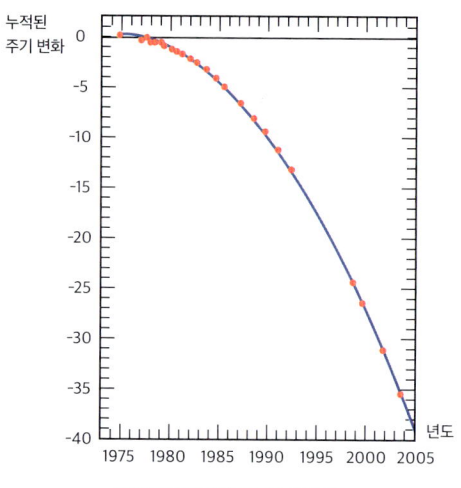

(마) 중성자별의 공전 주기 변화

하지만 이 발견도 중력파가 있을 것이라는 이론을 증명할 뿐, 중력파를 직접 검출하지는 못했어. 이렇게 100여 년 이상 그 누구도 중력파를 검출하지 못한 이유는 중력의 특성 때문이야.

중력은 아주 약한 힘이거든. 자연에서 가장 큰 힘인 핵력의 크기를 1로 보았을 때, 중력의 크기는 6×10^{-39} 정도야. 태양보다 훨씬 무거운 물체가 빛의 속도만큼 빠르게 움직여도 아주 정밀한 측정 장비로만 시공간의 변화를 알아차릴 수 있을 정도지.

그러한 어려움에도 불구하고 바이스, 배리쉬, 킵 손 등을 비롯한 연구팀은 라이고(LIGO)라는 장비로 중력파를 검출했어. 라이고는 빛을 이용해 미세한 길이 변화까지 측정하는 장비로, 4km 길이의 진공 터널이 직각으로 맞닿아 있는데, 맞닿은 곳에서 양쪽 터널 끝을

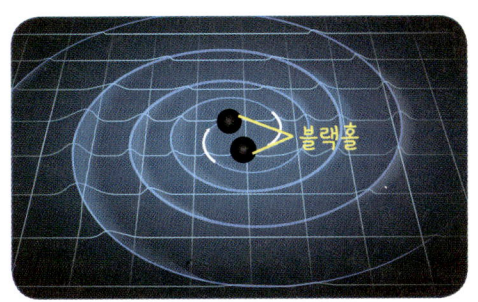

(바) 블랙홀의 병합에 의한 중력파 발생

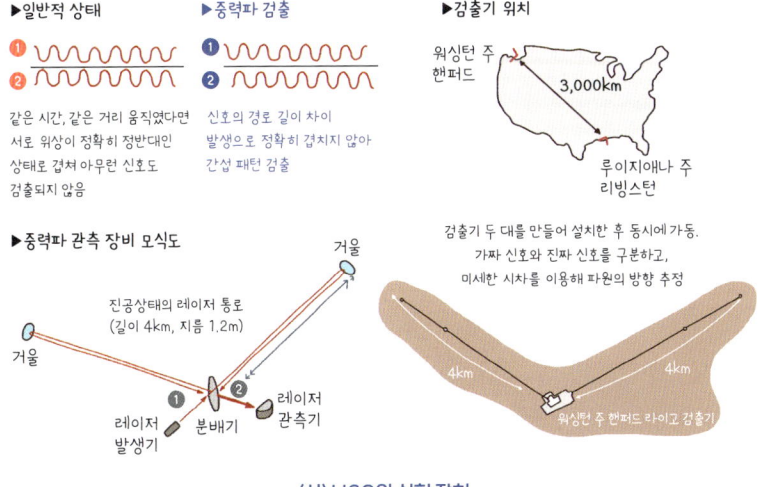

(사) LIGO의 실험 장치

향해 레이저 빛을 쏘는 거야. 그러면 빛이 터널 끝에 있는 거울에 반사되어 되돌아오는데, 평소에는 양쪽 터널을 지나온 빛의 시간이 서로 같지만 중력파가 지구를 지나가면 시공간이 왜곡되면서 터널의 길이가 미세하게 달라지게 되고 시간 차이가 생기게 돼.

라이고 연구단이 처음으로 탐지했던 중력파는 그림 ㈏와 같이 태양 질량의 36배와 29배인 블랙홀 두 개로 이뤄진 쌍성이 지구로부터 13억 광년 떨어진 곳에서 충돌해 합쳐지는 과정에서 나온 것이라고 해. 이 신호는 무려 13억 년 후에야 지구에 도달했다는 거지.

실제로 2015년 9월, 두 개의 블랙홀이 하나로 합쳐지면서 생긴 중력파로 인해 한쪽 터널은 44×10^{-18}cm만큼 길이가 줄고, 한쪽 터널은 그만큼 길이가 늘어났어. 이때 터널을 지나온 두 빛이 간섭을 일으켜 검출기가 신호를 감지한 거야.

• **블랙홀** 일반상대성 이론의 엄밀한 해(solution)인 블랙홀은 표면의 중력이 너무 강하여 그 어떠한 것이라도, 심지어 빛조차도 탈출할 수 없는 작은 부피 안으로 별이 압축될 때 만들어진다고 해.

뉴턴 역학에서는 질량이 m이고 속도가 V인 입자가 반지름이 R인 행성에서 출발하는 경우, 입자의 속력이 탈출 속력 V_{escape}보다 크면 입자는 중력장을 탈출하지. 이때의 탈출 속력은 운동에너지가 ⑴값을 갖는 중력 퍼텐셜 에너지와 균형을 이루는 속력인데, 다음과 같이 구할 수 있어.

$$\frac{1}{2}mV_{escape}^2 = \frac{GMm}{R}$$

여기서 탈출 속력을 빛의 속력 이상이라고 하면

$$\frac{2GM}{c^2R} > 1$$

의 관계가 성립하고, 비록 뉴턴의 역학적 분석이 상대론적인 상황에 적용될 것 같지는 않지만, 위의 관계식은 구대칭 블랙홀에서 질량과 반지름의 관계에 해당하는 것처럼 보여.

일반상대성 이론에서 구할 수 있는 가장 단순한 블랙홀 해는 슈바르츠실트에 의하여 발견되었어. 1916년에 슈바르츠실트는 구대칭이면서 정적인 블랙홀 해를 아인슈타인의 중력장 방정식을 풀어

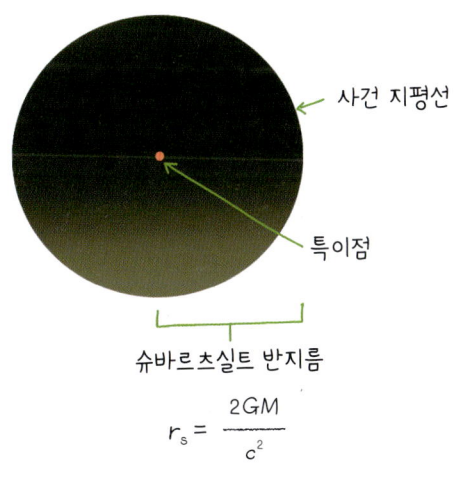

$$r_s = \frac{2GM}{c^2}$$

(아) 슈바르츠실트 블랙홀

서 구했어.(이 내용은 매우 어렵지만 일반상대성 이론에 있어서 핵심적인 내용이기 때문에 뒤에서 잠깐 소개하려고 해.)

블랙홀을 정의하는 표면을 사건 지평선(event horizon)이라고 하는데 질량, 정보, 관찰자는 사건 지평선을 통과하여 낙하할 수 있지만, 고전 물리학적으로 그 어떤 것도 다시 그 표면을 통해 나올 수 없어. 구대칭 블랙홀에서 이 표면의 반지름인 사건 지평선이 $r = \frac{2GM}{c^2}$인 거야.

블랙홀이 굉장히 무거운 별의 중력 붕괴에 의해 만들어진다 하더라도, 일반상대성 이론은 블랙홀이 놀랍게도 몇 개의 숫자로 특징지을 수 있는 매우 단순한 물체라는 것을 말하고 있어. 찬드라세카는 블랙홀에 대해 다음과 같이 얘기했어.

> 블랙홀은 우주에 존재하는 가장 완벽한 거대 물체이다.
> 즉, 블랙홀을 구성하는 핵심 요소라는 것이
> 단지 우리의 시간과 공간에 대한 개념에 불과한 것이다.
> 그리고 블랙홀은 일반상대성 이론에서
> 수학적으로 구할 수 있는 해들이라는 점 때문에
> 가장 단순한 물체라고 볼 수도 있다.

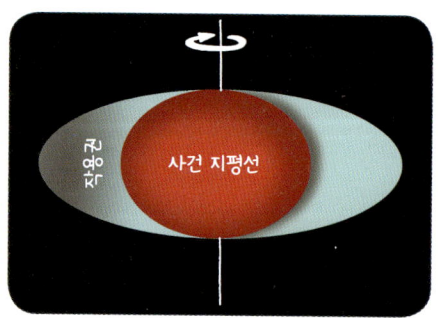

(자) 회전 블랙홀의 구조

자연계에 존재하는 가장 존재할 가능성이 높은 블랙홀은 그림 (자)와 같이 회전하는 블랙홀이야. 회전하는 블랙홀의 시공간은 너희들이 공부하기에는 너무 복잡한 수식이기 때문에 생략하는 걸로 할게.

그럼 블랙홀은 어떻게 관측하는지 알아볼까. 태양 질량의 몇 배 정도되는 블랙홀은 동반하는 별의 궤도를 분석하여 발견되고 있어. 태양 질량의 10억 배 정도의 초거대 블랙홀은 은하의 중심에서 관측되고 있기도 해. 우리 은하의 중심에는 태양 질량의 대략 300만 배 되는 블랙홀이 있다고 하지.

블랙홀 그것 자체가 어둡다 할지라도 블랙홀 주위의 강하게 휘어진 시공간은 현대 천체 물리학에서 가장 극적인 현상을 보여주는 영역이야. 블랙홀을 향해 낙하하는 물체는 X선을 방출하는 뜨거운 원반을 만들면서 그 블랙홀 주위의 궤도를 돌고 있어.

아래는 은하의 중심에 있는 블랙홀에 관한 사진들이야.

그림 (차)는 2019년 최초로 관측한 처녀자리 A 은하 중앙에 있는 초거대 질량 블랙홀이고,(353쪽_잠시 쉬어가는 이야기 참고) 그림 (카)는

(차)   (카)

지구에서 블랙홀을 관측할 때 나타날 수 있는 중력렌즈 효과를 고려하여 블랙홀의 모양을 입체적으로 그린 것이야.

읽을거리

슈바르츠실트 블랙홀

1916년 슈바르츠실트는 구대칭이면서 정적인 블랙홀 해를 아인슈타인의 중력장 방정식을 풀어서 다음과 같이 구했어. 정말 어려운 내용이지만, 일반 상대성 이론의 핵심적인 내용이기 때문에 그냥 넘어갈 수가 없어서 간략하게라도 설명하려고 해.

$$ds^2 = -(1-\frac{2GM}{rc^2})(cdt)^2 + (1-\frac{2GM}{rc^2})^{-1}dr^2 + r^2d\Omega^2$$

이 관계식은 시공간 상의 두 점 사이의 거리를 구하는 방법을 나타낸 것으로, 슈바르츠실트 시공간의 미소거리 혹은 계량이라고 해. 이 관계식을 살펴보면 $r=0$과 $r=\frac{2GM}{rc^2}$에서 $ds^2 \to \infty$임을 알 수 있고, 바로 그러한 점 근처에서 두 점 사이의 거리가 무한히 늘어나서 계산이 불가능하게 되지. 이와 같은 시간과 공간이 의미를 잃게 되는 특이점이라고 해.

하지만 $r=\frac{2GM}{rc^2}$은 좌표계를 이와 같이 잡아서 생긴 가짜 특이점으로 이 점에서 시공간의 곡률은 유한한 값을 갖음을 확인할 수 있어.

반면에 $r=0$은 좌표계와 상관없이 존재하는 특이점으로 시공간의 곡률도 발산해. 하지만 $r=\frac{2GM}{c^2}$은 성질이 다른 두 개의 시공간의 경계에 해당하지. 이러한 $r=\frac{2GM}{rc^2}$를 사건 지평선이라고 하는 거야.

잠시 쉬어가는 이야기

서브밀리미터 전파에 의한 블랙홀 관측

일반상대성 이론의 엄밀한 해인 블랙홀은 그 존재를 확인하는 것 자체가 매우 중요한 문제였어. 이러한 블랙홀의 존재를 확인하는 방법으로는 중력 렌즈 현상을 이용하는 방법, 블랙홀을 둘러싼 강착원반에서 발생하는 X선을 관측하는 방법 등이 있었는데, 이러한 방법은 근본적으로 블랙홀의 존재를 간접적으로 확인해주는 근거에 불과한 것이야.

최근 국제 블랙홀 연구 협력 집단인 사건지평선 망원경 연구팀(EHT)은 전파망원경을 이용하여 은하 중심에 있는 거대 블랙홀의 모습을 직접 촬영하는데 성공했어.

은하 중심에 있는 거대 블랙홀은 플라즈마 기체로 덮여 있어서 전자기파로 블랙홀을 직접 관찰하기가 상당히 어렵거든. 왜냐하면 중심부를 덮고 있는 플라즈마 구름은 거의 모든 전자기파를 차단하기 때문이야. 그런데 파장이 0.1~1mm정도인 전자기파(서브밀리미터파)는 이러한 플라즈마 구름을 통과한다는 사실이 밝혀진 거야. 플라즈마 구름을 뚫고 나오는 이 전파를 검출하면 플라즈마 구름 내부의 상태를 알 수 있을 것으로 예측되었지. 그에 따라 서브밀리미터파로 은하의 중심에 있는 블랙홀을 관측하는 연구가 시작되었고, 2019년 4월에 전 지구에 걸쳐 8대의 대형 전파 망원경을 연계하여 수행한 '사건 지평선 망원경' 프로젝트를 통해 블랙홀 촬영에 성공하게 된 거야.

촬영된 블랙홀은 처녀자리 은하단의 타원 은하 M87 가까이에 위치한 거대 블랙홀이야. 지구에서 대략 5,500만 광년 거리에 있고, 질량은 태양 질량의 65억배에 달하는 것으로 알려져 있지. 사진의 중앙에 검은 블랙홀, 주변 오렌지색으로 밝게 빛나는 강착원반이 선명하게 찍혀 있어.(351쪽 사진 (차) 참고)

내용을 잘 이해했는지 확인해볼까?

※ 정답은 380쪽에

1 인공적으로 무중력 상태를 유도하는 방법을 3가지만 들어보시오.

2 지구 주위를 공전하는 인공위성 내부의 중력장을 뉴턴의 역학적인 관점과 일반상대론적 관점으로 각각 설명하시오.

3 등가원리에 대한 갈릴레이의 관점과 일반상대론적 관점을 설명하시오.

조금 더 어려운 문제들도
한번 풀어볼까?

 정답은 381쪽에

4 LIGO에 적용된 마이컬슨-몰리 간섭계의 기본 원리를 설명하시오.

5 중력파와 전자기파의 공통점과 차이점을 설명하시오.

6 슈바르츠실트 블랙홀의 질량이 2×10^{30} kg정도라고 할 때 사건 수평선의 반지름은?

영재문제 창의적으로 생각하고 해결하는 문제에도 도전해보자

※ 정답은 381쪽에

7 인류는 머지않아 행성 간 여행을 하는 시대를 맞이할 것이다. 이 우주여행 시대를 열기 위해서는 극복해야 할 여러 가지 과제가 있다. 어떠한 것들이 있는지 설명하시오.

MEMO

풀이 확인하고 넘어가세요

PART 1

 내용을 잘 이해했는지 확인해볼까?

1 파원으로부터 거리 r_1인 원형의 물결파에 단위 길이당 전달되는 에너지를 E_1이라 하고, 파원으로부터 거리 r_2인 원형의 물결파에 단위 길이 당 전달되는 에너지를 E_2라 하면 파원에서 전달되는 총에너지는 같으므로 $E_1 \cdot 2\pi r_1 = E_2 \cdot 2\pi r_2$에서 $\dfrac{E_1}{E_2} = \dfrac{r_2}{r_1}$이 된다. 따라서 물의 표면에 단위 길이당 전달되는 에너지는 거리에 반비례한다.

2 변위의 방향이 (+)이면 매질은 진동중심의 오른쪽에 위치하고, (-)이면 진동중심의 왼쪽에 위치하므로 소한 곳은 O, D이고 밀한 곳은 B, F이다. 파동이 전파될 때 매질은 제자리에서 단진동하므로 $F = -kx$에서 변위가 최대일 때 가속도는 최대이고 속도는 0이다. 또한 변위가 0일 때 가속도는 0이고 속도는 최대이다. 매질의 변위가 (-)일 때 힘의 방향은 오른쪽이므로 C점이 오른쪽 방향으로 가속도가 최대인 곳이 된다.
1) O,D   2) B,F   3) A,C,E   4) O,D   5) C

3 그림에서 진폭은 2m 이고 파장은 4m 이다. 파동이 1.5초동안 3m를 진행했으므로 속력은 2m/s 이다. 파동이 한 파장 이동하는데 걸린 시간이 주기이므로 $v = \dfrac{\lambda}{T} = \dfrac{4}{2} = 2$(m/s)이다.

4 깊은 곳을 매질 1, 얕은 곳을 매질 2라 하면 매질 1에 대한 2의 굴절률은 $n_{12} = \dfrac{v_1}{v_2} = \dfrac{2}{1} = 2$이고 굴절이 일어날 때 진동수는 변하지 않으므로 $v = f\lambda$에서 $v_1 = 20$cm/s, $v_2 = 15$cm/s이다.
1) 2   2) 20cm/s, 15cm/s

조금 더 어려운 문제들도 한번 풀어볼까?

5

1) 그림에서 두 법선이 평행이므로 $r = r'$
또 $\dfrac{\sin i}{\sin r} = \dfrac{\sin i'}{\sin r'} = n$
$\therefore i = i'$
따라서 광선 m과 m'은 평행이다.

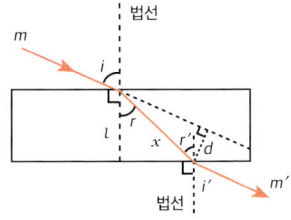

2) 그림에서 $x = l/\cos r$,

$d = x\sin(i-r) = \dfrac{l\sin(i-r)}{\cos r} = \dfrac{l(\sin i\cos r - \cos i\sin r)}{\cos r} = l\left(\sin i - \dfrac{\cos i\sin i}{n\cos r}\right) =$

$l\sin i\left(1 - \dfrac{\cos i}{\sqrt{n^2-\sin^2 i}}\right)$ (스넬의 법칙 $\sin i = n\sin r$ 이용)

6

1) 돌멩이가 떨어지면서 물을 아래쪽으로 밀어낼 때 물이 한 일은 두 가지 형태로 전파되는데, 하나는 물기둥이 계속적으로 상하 운동시키는데 필요한 에너지고, 다른 하나는 원의 형태로 파동이 퍼져나가면서 전달되는 에너지다. 이때 원형 물결파의 반지름이 증가하면 원주의 길이도 커지게 되므로 원주의 단위 길이당 전달되는 에너지는 점차 작아지게 된다. 결국 퍼져나가는 파동을 따라 상하 운동을 하는데 이용할 수 있는 에너지도 점차 감소하게 되므로 물결파의 높이나 진폭도 점차 줄어들어 마침내 물결파는 사라지게 된다.

2) 매질의 가속도가 최대일 때 → 변위는 최대, 매질의 속도가 최대일 때 → 변위는 0

7

1) 광학적 하루, 태양이 수평선 아래로 사라졌어도 태양빛이 지구에 도달하는데 약 8분 정도 걸린다. 따라서

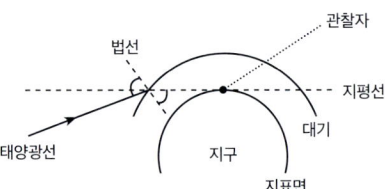

태양이 수평선에 나타나는 순간은 굴절에 의해 이미 8분 전에 나타난 것이고, 태양이 수평선에서 사라지는 순간은 굴절에 의해 8분 후까지 관찰된다.

2) 파동의 전파속도 차이 때문에 일어난다. 파장, 속도 등이 변한다.

3) 빛이 굴절률이 다른 매질로 진행하는 경로를 고려하여 구조 경로를 결정한다. 스넬의 법칙을 따르는 빛의 경로가 최단 시간의 경로이다. 수영하는 것보다는 모래사장에서 달리는 것이 빠르므로 모래와 바다의 경계면에서 그림과 같이 입사각보다는 굴절각이 작아지는 경로로 구조하여야 한다.

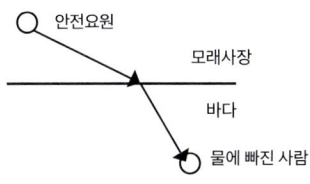

 창의적으로 생각하고 해결하는 문제에도 도전해보자

8

1) 나머지 색깔의 빛은 모두 유리 내부에서 전반사되었다.

빛의 색깔(파장)에 따라 굴절하는 정도가 다르기 때문에 굴절이 일어날 때 백색광은 여러 색깔로 갈라지게 되는데 이런 현상을 분산이라 하고 이때 나타난 색깔의 무늬를 스펙트럼이라 한다. 가시광선 중 파장이 가장 짧은 보랏빛이 굴절하는 정도가 가장 크고 파장이 가장 긴 빨간빛이 굴절하는 정도가 가장 작다. 굴절률이 큰 유리에서 굴절률이 작은 공기로 빛이 굴절할 때 굴절각은 입사각보다 커진다. 입사각을 점점 크게 하면 굴절각도 점점 커지다가 보랏빛이 경계면에서 가장 먼저 반사하고 빨간빛이 가장 늦게 경계면에서 반사하게 되므로 굴절된 빛이 수평면에 거의 나란하게 되면 그 빛은 붉게 보인다.

2) 전반사 임계각(공기) $\sin\theta = \dfrac{1}{n_G}$ (n_G : 유리의 굴절률)

물에 넣을 때 임계각 $\sin\theta' = \dfrac{n_W}{n_G}$ (n_W : 물의 굴절률)

$\theta' > \theta$이므로, θ의 각도로 입사하는 경우 전반사가 일어나지 않고 굴절된다.

따라서 빛의 분산이 일어나서 물에서는 무지개색 띠가 나타난다.

3) 반원형의 유리조각의 초점을 향해 진행한다. 백색광 중에서 굴절률이 가장 큰 보랏빛은 가장 크게 굴절하므로 약간 앞쪽에 모이고 굴절률이 가장 작은 빨간빛은 가장 작게 굴절하므로 약간 뒤쪽에 모이게 된다. 하지만 이 차이는 매우 작다.

PART 2

 내용을 잘 이해했는지 확인해볼까?

1 중첩의 원리를 이용하면 다음과 같다.

2 두 파동이 같은 위상으로 발생하고 있으므로 경로차에 의한 위상을 고려하면 된다.

1) P, Q, R점은 경로차가 각각 0, $\dfrac{\lambda}{2}$, 0이므로 각각 보강, 상쇄, 보강간섭 을 한다. 따라서 P, Q, R점의 진폭은 그 점에서 진폭의 각각 2배, 0, 2배 이다.

2) P점은 마루이고 Q점은 골이므로 위상차는 π 또는 180° 이다.

3 두 파원의 위상차와 경로차에 의한 위상차를 더한 것과 같다.

$\phi + 2\pi(l_1 - l_2)/\lambda$

4 파장, 슬릿의 크기이다. 파장이 길수록 슬릿의 폭이 좁을수록 회절하는 정도가 크다. 물체의 크기는 슬릿의 크기로 생각할 수 있으며 물체의 크기가 파장보다 훨씬 크면 회절 현상이 거의 일어나지 않는다.

조금 더 어려운 문제들도 한번 풀어볼까?

5 직진파의 경로

$\overline{SP} = \sqrt{40^2 + (l-l_0)^2} = \sqrt{40^2 + 30^2} = 50\text{(cm)}$,

파원 S와 S의 상 S′은 장벽에 대해 대칭이므로 반사파의 경로

$\overline{SQ} + \overline{QP} = \overline{S'P} = \sqrt{40^2 + (l+l_0)^2} = \sqrt{40^2 + 2{,}000} = 60\text{(cm)}$

거리차 λ는 위상차 2π에 해당하고, 반사파는 점 Q에서 위상이 π만큼 변하므로(장벽에서의 반사는 고정단 반사이므로 위상이 반대가 된다.)

점 P에서 두 파의 위상차 $= \dfrac{2\pi \times (\text{경로차})}{\lambda} + \pi = \dfrac{2\pi \times 10}{2} + \pi = 11\pi$

위상차가 π의 홀수배이므로 <u>상쇄간섭</u> 이다.

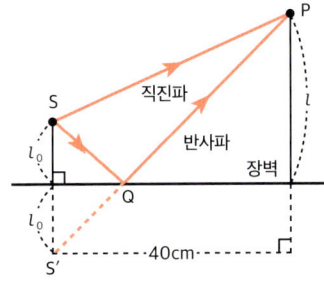

6 상쇄간섭이 일어나는 점들은 경로차가 반파장의 홀수배가 되는 점들이므로 두 파원으로부터 거리가 r_1, r_2라면 $r_1 + r_2 = 3$, $|r_1 - r_2| = \dfrac{\lambda}{2}(2m+1)$을 만족시키는 점을 찾으면 된다.

$\lambda = 1\text{m}$를 대입하면 $\boxed{\dfrac{1}{4}, \dfrac{3}{4}, \dfrac{5}{4}, \dfrac{7}{4}, \dfrac{9}{4}, \dfrac{11}{4}}$(m) 로 6개의 점을 구할 수 있다.

창의적으로 생각하고 해결하는 문제에도 도전해보자

7

1) 직진파와 반사파의 위상차는 반사에 의한 위상차와 경로차에 의한 위상차를 더한 것과 같다.

위상차 = $\pi + \dfrac{2\pi(경로차)}{\lambda} = \pi + \dfrac{2\pi(70-50)}{4} = 11\pi = \dfrac{\lambda}{2}$(홀수배)이므로 **상쇄간섭**을 한다.

2) 물속에서의 파장은 $\lambda' = 4.5\lambda = 18\text{cm}$인데 물통을 설치하여 생긴 위상차의 변화가 반 파장의 짝수배이면 상쇄간섭이 그대로 유지된다. 물속에서는 파장이 길어지므로 위상차가 줄어들게 되므로 위상차의 변화가 -2π일 때 물통의 최소폭이 된다.

따라서 $2\pi(\dfrac{l}{18} - \dfrac{l}{4}) = -2\pi$에서 $l = \dfrac{36}{7}\text{cm}$ 이다.

PART 3

 내용을 잘 이해했는지 확인해볼까?

1 고정단 반사는 위상이 반대가 되므로 골이 입사하면 마루가 되어 반사되고 마루가 입사하면 골이 되어 반사된다.

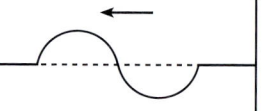

2 기차의 속력을 v, 기적의 원래 진동수를 f라 하면 음원이 접근할 때와 멀어질 때 다음과 같은 식으로 나타낼 수 있다. $340 = \dfrac{340}{340-v}f$, $238 = \dfrac{340}{340+v}f$
두 식을 이용하면 $v = 60\text{m/s}$, $f = 280\text{Hz}$ 이다.

3 음높이가 같으므로 **진동수는 같고** 관과 현의 길이가 같으므로 **파장도 같다.**
그림은 관악기와 현악기의 기본 진동이며 배와 배, 마디와 마디 사이의 거리는 반 파장이다.

4 밤에는 지표면에 가까워질수록 온도가 낮아지므로 입사각보다 굴절각이 작아져서 지표면을 향하게 되어 쥐와 같이 지표면에서 생활하는 동물에게 잘 들리게 된다.

5 $\frac{1}{4}$ 주기 동안 파장만큼 서로 반대 방향으로 이동하므로 상쇄되어 진폭이 0이 되어 직선으로 나타난다.

6 $\sin 30° = \frac{v}{v_s} = \frac{1}{2}$ 에서 $v = 2v_s$ 이므로 **음속의 2배** 이다.

우유문제 **조금 더 어려운 문제들도 한번 풀어볼까?**

7 $\frac{10}{9}$배, 음원이 v_s의 속도로 다가올 때 관찰자가 듣는 소리의 진동수는

$f' = \frac{V}{V - v_s} f$ 이다.

매질이 변하더라도 진동수는 변함이 없으므로 $f' = \frac{v_g}{v_g - \frac{v_g}{10}} f = \frac{10}{9} f$의 진동수로 관측된다.

8 초음파 탐지 장치 P가 멀리 떨어져 있으므로
두 파동의 경로차가 $d\sin\theta = m\lambda$일 때
보강간섭하여 초음파의 세기가 강해진다.
$d = 10\text{cm}$, $\lambda = 4\text{cm}$이고 $\sin\theta = \frac{m\lambda}{d}$
$= 0.4m$, $-1 \le \sin\theta \le 1$이므로
$m = 0, \pm 1, \pm 2$인 **5군데**의 방향에서 세기가 강해진다.

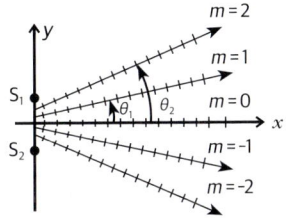

9 기타의 줄 등에서는 줄의 양끝이 마디(고정단)가 되며, 진행파와 반사파가 간섭하여 정상파가 생기면서 소리가 발생한다. 소리의 높낮이는 진동수에 의해 결정되고 소리의 크기는 진폭에 의해 결정되는데 높은 음일수록 소리의 진동수가 크다. 소리의 속도는 일정하므로 낮은 음인 A건반의 진동수는 B보다 작고 A건반에 연결된 쇠줄의 길이와 파장은 B보다 길다. 줄의 기본 진동에서 마디 사이의 거리는 반 파장이므로 파장은 $\lambda = 2l$과 파동의 전파속도 $v = f\lambda$를 이용하면 낮은 음인 **A에 연결된 쇠줄의 길이와 파장은 B보다 길다**는 것을 알 수 있다.

창의적으로 생각하고 해결하는 문제에도 도전해보자

10 이웃하는 소리굽쇠의 진동수가 4Hz 차이가 나므로 다음과 같은 식으로 배열할 수 있고 한 옥타브 높은 음은 진동수가 2배이다.

$$f_1 - f_2 = 4Hz$$
$$f_2 - f_3 = 4Hz$$
$$+ f_{n-1} - f_n = 4Hz$$
$$\overline{f_1 - f_n = 4*(n-1)}$$

식에서 $n = 56$, $f_{56} = \frac{1}{2}f_1$이므로 $f_1 = 440Hz$이다.

PART 4

 내용을 잘 이해했는지 확인해볼까?

1 매질 A의 입사각보다 매질 B의 굴절각이 더 크므로 굴절률은 B가 작고 전파속도는 더 빨라진다. 매질 B에서 매질 C로 진행하다가 전반사했으므로 매질 B가 매질 C보다 굴절률이 더 큰 매질이며 매질 C에서 전파속도는 더 빠르다.
$n_A > n_B > n_C$, $v_A > v_B > v_C$ 이다.

2 A영역은 빛의 3원색이 겹치므로 백색이며, B영역은 빨강과 초록이 겹치는 부분이므로 노란색이다. C영역은 초록, 파랑이 겹치므로 청록색이다.

3 빛이 초점에서 오목거울로 입사하면 거울축에 나란하게 반사하고 이 빛이 평면거울에 입사하면 입사각이 0이므로 반사각도 0이 되어 그림과 같이 다시 되돌아나온다.

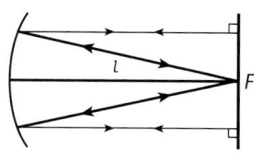

조금 더 어려운 문제들도 한번 풀어볼까?

4

1) (b)의 경우 물의 굴절률이 공기의 굴절률보다 크므로 상대적으로 덜 휘게 되므로 초점거리 f는 길어진다.
   (c)의 경우 유리에서 공기로 진행하므로 (a)와 똑같이 초점거리는 f이다.

2) 오목거울과 볼록렌즈의 경우 초점거리 안쪽에 물체를 놓으면 물체보다 큰 허상이 생긴다. 오목거울의 경우 빛의 반사로 상이 생기므로 상의 종류는 물체보다 큰 허상이고 크기는 변함이 없다. 볼록렌즈의 경우 빛의 굴절로 상이 생기므로 초점거리가 길어져서 상의 종류는 물체보다 큰 허상이지만 크기는 작아진다.

5

1) 더워진 공기의 운동 에너지는 커지지만 밀도는 작아진다. 대류에 의해 공기의 흐름이 생기며, 밀도가 낮은 공기가 위로 흐르고 밀도가 높고 차가운 공기가 아래로 내려오는 통로가 형성된다. 빛은 밀도가 다른 물질을 통과할 때 굴절하므로 빛의 방향이 계속 바뀌어 반짝이게 된다.

2) 실험에서 작은 구멍은 우리의 눈에 해당한다. 굴절된 광선이 눈에 비치거나 비껴나가는 것 같아 별빛처럼 반짝이게 된다. 진공 속에서는 열에 의한 공기의 진동이 없으므로 우주 비행사가 지구 바깥에서 별을 볼 때는 반짝이지 않을 것이다. 구경이 큰 망원경으로 별을 관찰하여도 반짝이지 않을 것이다.

 창의적으로 생각하고 해결하는 문제에도 도전해보자

6

1) O점에서 젖은 화장지에 의해 산란된 빛이 유리판의 뒷면에 도달하면 입사각이 임계각보다 큰 빛은 전반사하고, 임계각보다 작은 빛은 공기중으로 굴절하여 빠져나오기 때문이다.

2) 유리의 임계각을 i_C라고 하면 그림에서 $\tan i_C = \dfrac{r}{2d}$, $\sin i_C = \dfrac{1}{n}$ 이므로

$\dfrac{r}{2d} = \dfrac{1}{\sqrt{n^2-1}}$ 에서 $n = \sqrt{1 + \dfrac{4d^2}{r^2}}$ 이다.

3) 빨간색 빛은 파란색 빛보다 굴절률이 작으므로 반지름은 커진다.

PART 5

 내용을 잘 이해했는지 확인해볼까?

1 $\Delta x = l\lambda/d$, 단일 슬릿에 의한 빛의 간섭은 두 빛 사이의 간섭이 아니므로 일반적으로 단일 슬릿에 의한 빛의 회절로 나타낸다. 단일 슬릿의 밝고 어두운 무늬는 두 빛이 사이의 간섭이기보다는 상대적인 빛의 밝고 어두운 정도를 나타낸 것이다. 무늬 간격을 넓게 하려면 슬릿의 폭을 좁게 하거나 슬릿으로부터 스크린까지의 거리를 증가시키거나 긴 파장의 빛을 비춘다.

2 얇은 막에 의한 간섭은 막 외부와 막 내부에서 반사된 두 빛이 간섭 현상을 일으킨다. 공기 중의 얇은 막에서는 막 외부(고정단 반사, 위상이 반대)와 막 내부(자유단 반사, 위상이 변하지 않음)에서 반사된 두 빛의 위상이 반대가 된다.

따라서 보강간섭을 하기 위한 최소의 경로차는 $2nd = \dfrac{\lambda}{2}$ 이므로 $d = \dfrac{\lambda}{4n}$ 이다.

3 $\overline{CE} = \lambda$인 경우 점 P에서 $\overline{AB}$사이를 통과하는 각각의 빛은 $\overline{BC}$를 통과하는 각각의 빛과의

경로차가 반파장이므로 상쇄간섭을 한다. $\overline{CE} = \frac{3}{2}\lambda$인 경우에는 $\overline{AB}$사이를 통과하는 각각의 빛은 $\overline{B_1B_2}$를 통과하는 각각의 빛과의 경로차가 반파장이므로 상쇄간섭을 하지만 $\overline{B_2C}$사이의 빛은 점 P에 도달하므로 상대적으로 밝게 된다.

4

1) 간섭과 회절

2) 간섭조건을 이용하면 $\Delta x = \frac{l\lambda}{d}$ 이다.

3) 물속에서는 빛의 파장이 짧아지므로 무늬 사이의 간격은 $\frac{3}{4}$배 로 좁아진다.

5
광선 1과 광선 2를 서로 상쇄간섭시키면 반사광선이 없어지고 대부분 투과하게 된다.

우수문제 조금 더 어려운 문제들도 한번 풀어볼까?

6
네 광선이 상쇄되려면 이웃하는 두 광선의 위상차가 90°(경로차가 $\frac{\lambda}{4}$)인 경우이다. $d\frac{x}{L} = \frac{\lambda}{4}$에서 $x = 3 \times 10^{-4}$m 이다.

7

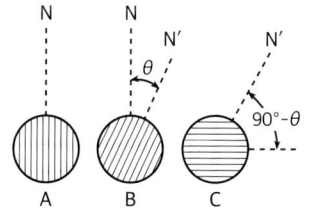

1) 자연광은 편광축에 수직인 빛과 수평인 빛이 반반 섞인 것으로 볼 수 있으므로 편광판 A를 지난 빛은 세기가 $\frac{1}{2}$로 약해진 편광이다. 편광판 B를 지나면 빛의 세기는 $\frac{1}{2}\cos^2\theta$가 되고 편광축 N′에 나란하다. 마지막 편광판을 지나면 빛의 세기는 $\frac{1}{2}\cos^2\theta \cdot \cos^2(90°-\theta) = \frac{1}{16}(1-\cos4\theta)$이므로 최대 세기는 $\cos4\theta = -1$일 때 처음 세기의 $\frac{1}{8}$ 이 된다.

2) 빛의 세기가 0이면 $\cos 4\theta = 1$이므로 $\theta = 0°, 90°, 180°, 270°$ 일 때 **4번** 어두워진다.

 창의적으로 생각하고 해결하는 문제에도 도전해보자

8 기체의 굴절률을 n, 관의 길이를 l이라 하면 T_1, T_2에 통과하는 광선의 파수는
각각 $\frac{l}{\lambda}$, $\frac{l}{\lambda/n}$이므로 $\frac{l}{\lambda/n} - \frac{l}{\lambda} = m = 50$일 때 밝아 보인다.

$n = 1 + \frac{m\lambda}{l} = \frac{50 \times 6 \times 10^{-7}}{0.1} =$ **1.0003**

PART 6

 내용을 잘 이해했는지 확인해볼까?

1 $u = \sigma T^4 = (5.67 \times 10^{-8})(6 \times 10^3)^4 =$ **7.35×10^7 J**

2 $\lambda_{max} \cdot T = 2.898 \times 10^{-3}$ m·K이므로
복사에너지가 최대인 파장은 $\lambda_{max} = \frac{2.898 \times 10^{-3}}{6000} =$ **4.83×10^{-7} m** 이다.

3 광자의 에너지 = 전자의 최대 운동에너지 + 일함수이므로
식으로 쓰면 $\frac{hc}{\lambda} = E_k + W$이다.
따라서 전자의 최대 운동에너지는 $E_k = \frac{hc}{\lambda} - W$이다.

$\frac{hc}{\lambda} = \frac{6.63 \times 10^{-34} \times 3 \times 10^8}{6 \times 10^{-7}} = 3.315 \times 10^{-19}$ J = 2.07eV이므로

전자의 최대운동에너지는 $E_k = 2.07 - 1.6 =$ **0.47eV** 이다.

4 에너지 : $\frac{hc}{\lambda} = \frac{6.63 \times 10^{-34} \times 3 \times 10^8}{1.2 \times 10^{-12}} = 1.65 \times 10^{-13}$ J = **1.03MeV**

운동량 : $P = \frac{E}{c} = \frac{h}{\lambda} = \frac{1.64 \times 10^{-13}}{3 \times 10^8} =$ **5.5×10^{-22} kg·m/s**

5 $p = \dfrac{h}{\lambda} = \sqrt{2meV}$ 이므로

$V = \dfrac{h^2}{2me\lambda^2} = \dfrac{(6.63 \times 10^{-34})^2}{2 \times (9 \times 10^{-31}) \times (1.6 \times 10^{-19}) \times (5 \times 10^{-7})^2} = 6.1 \times 10^{-6} \text{V}$

 조금 더 어려운 문제들도 한번 풀어볼까?

6 광학 현미경의 최대 해상도는 가시광선의 파장이 짧을수록 높아진다. 광학 현미경의 해상도는 대략 $\dfrac{\lambda}{2}$ 정도이므로 최대 해상도는 가시광선의 가장 짧은 파장의 절반 정도인 200nm이다. 눈의 해상도를 약 0.4mm 정도로 잡을 때 현미경의 배율은 최대 2000배 정도이다.

눈이 감지할 수 있는 빛의 파장에 한계가 있고, 사람 눈의 분해능에 한계가 있기 때문에 배율을 무한히 크게 한다고 해서 더 자세히 볼 수 있는 것은 아니다.

7 배율이 1,000배가 되기 위해서는 물질파의 파장이 가시광선 파장의 $\dfrac{1}{1,000}$ 이어야 한다.

창의적으로 생각하고 해결하는 문제에도 도전해보자

8 에너지 보존법칙을 적용하면
$\dfrac{hc}{\lambda_0} = \dfrac{hc}{\lambda} + \dfrac{1}{2}mv^2$,
운동량 보존법칙을 적용하면
$\dfrac{h}{\lambda_0} = \dfrac{h}{\lambda}\cos\theta + mv\cos\phi$: 수평성분
$0 = \dfrac{h}{\lambda}\sin\theta - mv\sin\phi$: 수직성분
이다. 위의 세 관계식을 연립하여 풀면
$\lambda - \lambda_0 = \dfrac{h}{mc}(1-\cos\theta)$를 얻을 수 있다.

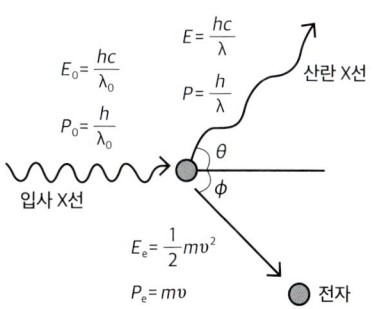

9 중성자는 질량이 전자보다 크므로 드브로이 파장이 전자보다 짧아서 전자현미경보다 해상도가 높다. 또한 중성자는 전기적으로 중성이기 때문에 반사뿐만 아니라 투과성이 우수하여 다양한 매질로 이루어진 물질의 내부 구조를 관찰할 수 있다.

PART 7

 내용을 잘 이해했는지 확인해볼까?

1 알파 입자의 에너지와 전기력에 의한 위치에너지가 같은 지점이 핵에 최대로 접근하는 지점이다. 따라서 $E = \dfrac{2kZe^2}{r}$ 이므로

$$r = \dfrac{2kZe^2}{E} = \dfrac{2 \times (9 \times 10^9) \times 79 \times (1.6 \times 10^{-19})^2}{7.7 \times 10^6 \times (1.6 \times 10^{-19})} \simeq 2.95 \times 10^{-14} \text{m 이다.}$$

2 $n = 2$에서 $n = 1$로 전이할 때

$$\Delta E = -\dfrac{13.6}{2^2} + 13.6 = \dfrac{3}{4} \times 13.6 \text{(eV)}$$

$\dfrac{hc}{\lambda} = \Delta E$ 이므로

$$\lambda = \dfrac{hc}{\Delta E} = \dfrac{6.63 \times 10^{-34} \times 3 \times 10^8}{0.75 \times 13.6 \times 1.6 \times 10^{-19}} = 1.22 \times 10^{-7} \text{m 이다.}$$

조금 더 어려운 문제들도 한번 풀어볼까?

3 보어의 양자화 조건 : $2m\upsilon r = \dfrac{nh}{2\pi}$

원운동하는 입자의 운동 방정식 : $\dfrac{m\upsilon^2}{r} = \dfrac{ke^2}{(2r)^2}$

두 식을 연립하여 회전 반지름을 구하면 $r = \dfrac{n^2 h^2}{4\pi^2 kme^2}$ 이다.

따라서 에너지는 $E_n = 2 \times \frac{1}{2}mv^2 - \frac{ke^2}{2r} = -\frac{ke^2}{4r} = -\frac{\pi^2 k^2 me^4}{n^2 h^2}$ 이다.

4 He⁺가 수소 원자와 다른 점은 원자 핵의 질량이 약 4배이고, 핵의 전하량이 2배이다.

$E_n = -\frac{2\pi^2 Z_{He}^2 e^4 m_{He} k^2}{h^2} \frac{1}{n^2} = -16 \times \frac{13.6}{n^2} \text{eV}$

이온화 에너지는 216.6eV이고, 파장은 $\frac{hc}{\lambda} = 216.6 \times 1.6 \times 10^{-19}$이므로

$\lambda = \frac{6.63 \times 10^{-34} \times 3 \times 10^8}{216.6 \times 1.6 \times 10^{-19}} = 5.7 \times 10^{-9}$m이다.

5 20°C일 때 평균 운동에너지는

$E_k = \frac{3}{2}kT = \frac{3}{2} \times 1.38 \times 10^{-23} \times 293 = 6.06 \times 10^{-21}$J $= 0.38$eV이므로 대부분의 원자는 바닥상태를 벗어날 수 없다. 왜냐하면 바닥 상태를 벗어나기 위해서는 10.2eV정도의 에너지가 흡수되어야 하기 때문이다.

 창의적으로 생각하고 해결하는 문제에도 도전해보자

6 보어의 양자화 조건 : $mvr = \frac{nh}{2\pi}$

$\frac{mv^2}{r} = \frac{U_0}{r_0}$

$v = \left(\frac{nhU_0}{2\pi m^2 r_0}\right)^{1/3}$, $r = \frac{nh}{2\pi mv} = \frac{nh}{2\pi m}\left(\frac{2\pi m^2 r_0}{nhU_0}\right)^{1/3}$

$E_n = E_k + E_p = \frac{1}{2}mv^2 + U(r) = \frac{1}{2}U(r) + U(r) = \frac{3}{2}U(r) = \frac{3}{2}\frac{U_0}{r_0}r$

$E_n = \frac{3}{2}\frac{nh}{2\pi m}\left(\frac{2\pi m^2 U_0^2}{nhr_0}\right)^{1/3} = \frac{3}{4}\left(\frac{2n^2h^2U_0^2}{\pi^2 m r_0}\right)^{1/3}$

7 전자의 역학적 에너지 : $E = \frac{1}{2}mv^2 - \frac{GMm}{r}$

양자화 조건 : $mvr = \frac{nh}{2\pi}$

등속원운동 조건 : $\frac{mv^2}{r} = \frac{GMm}{r^2}$

양자화 조건과 등속원운동 조건을 적용하면 $v = \frac{nh}{2\pi mr}$ 이고 $r_n = \frac{n^2h^2}{4\pi^2 GMm^2}$ 이다.
따라서 에너지는

$E_n = -\frac{1}{2}\frac{GMm}{r} = -\frac{1}{2}\frac{4\pi^2 G^2 M^2 m^3}{n^2 h^2} = -\frac{2\pi^2 G^2 M^2 m^3}{h^2}\frac{1}{n^2}$ 이다.

$n = 1$인 경우,

$r_1 = \frac{h^2}{4\pi^2 GMm^2} = \frac{(6.63 \times 10^{-34})^2}{4 \times 9.8 \times (6.67 \times 10^{-11}) \times (1.66 \times 10^{-27}) \times (9 \times 10^{-31})^2} = 1.25 \times 10^{29}$ m

$E_1 = 3.98 \times 10^{-94}$ J

PART 8

 내용을 잘 이해했는지 확인해볼까?

1 $\Delta p = m\Delta v = 9.1 \times 10^{-31} \times 1.1 \times 10^3 \simeq 10^{-27}$ kg·m/s

$\Delta x \geq \frac{h}{2\pi \Delta p} = \frac{6.63 \times 10^{-34}}{2 \times 3.14 \times 10^{-27}} = 1.05 \times 10^{-7}$ m

2 $\Delta p = m\Delta v = 0.15 \times 1 = 0.15$ kg·m/s

$\Delta x \geq \frac{h}{2\pi \Delta p} = \frac{6.63 \times 10^{-34}}{2 \times 3.14 \times 0.15} = 7 \times 10^{-34}$ m

3 $\Delta E \cdot \Delta t \geq \frac{h}{2\pi}$ 인데, $\Delta t = 10^{-8}$ s이므로

$\Delta E \geq \frac{6.63 \times 10^{-34}}{2\pi} \times 10^8 = 1.05 \times 10^{-26}$ J $= 6.6 \times 10^{-8}$ eV

조금 더 어려운 문제들도 한번 풀어볼까?

4 $\Delta r = 2 \times 10^{-15}$ m이므로 $\Delta p \geq \dfrac{h}{4\pi \times 10^{-15}} \simeq 5.03 \times 10^{-20}$ kg·m/s

$E \simeq \dfrac{p^2}{2m} = \dfrac{2.5 \times 10^{-39}}{2 \times 1.66 \times 10^{-27}} = 7.5 \times 10^{-13}$ J = **4.7MeV**

5

1) $\Delta r = 2 \times 10^{-15}$ m이므로 $\Delta p \geq \dfrac{h}{4\pi \times 10^{-15}} \simeq 5.03 \times 10^{-20}$ kg·m/s

$E \simeq \dfrac{p^2}{2m} = \dfrac{2.5 \times 10^{-39}}{2 \times 9 \times 10^{-31}} = 1.4 \times 10^{-19}$ J $= 8.7 \times 10^{3}$ MeV = **8.7GeV**

2) 핵 속에서 전자의 운동에너지가 핵의 결합에너지보다 훨씬 크므로 전자는 핵 속에 존재할 수 없다.

 창의적으로 생각하고 해결하는 문제에도 도전해보자

6 VLA는 분해능을 높이기 위하여 작은 망원경을 조합하여 큰 망원경과 같은 성능을 내도록 하는 것이다.

PART 9

내용을 잘 이해했는지 확인해볼까?

1 시간의 늘어남 효과에 의해
$\dfrac{1}{\sqrt{1-(0.8)^2}} = \dfrac{1}{0.6} = \dfrac{5}{3} \simeq$ **1.67s** 임을 알 수 있다.

2 공간의 줄어듦 효과로 인해 우주선에서는

1광년 $\times \sqrt{1-(0.8)^2}$ = **0.6광년** 으로 볼 것이다.

3

1) $\Delta t = \dfrac{\Delta t_0}{\sqrt{1-(v/c)^2}} = \dfrac{2.2\mu s}{\sqrt{1-(0.6)^2}} = 2.75\mu s$

2) $d = v\Delta t = 0.6 \times (3 \times 10^8) \times (2.75 \times 10^{-6}) = 4.95 \times 10^2 m$

3) 뮤온을 타고 보면 지면이 0.6c의 속력으로 다가오므로 지면까지 길이가 줄어든다.
$l' = l\sqrt{1-\dfrac{v^2}{c^2}} = 0.8l = 0.8 \times 4.95 \times 10^2 m = 3.96 \times 10^2 m$ 이므로

지면까지 도달하는데 걸리는 시간은 $t' = \dfrac{l'}{v} = \dfrac{3.96 \times 10^2}{1.8 \times 10^8} = 2.2\mu s$ 이다.

우우문제 조금 더 어려운 문제들도 한번 풀어볼까?

4 GPS 위성의 운동에 의해서 발생하는 시간의 늘어남 효과

$\Delta t = \dfrac{1}{\sqrt{1-(v/c)^2}} = \dfrac{1}{\sqrt{1-(1.33 \times 10^{-5})^2}} \times \Delta t_0$

$\dfrac{1}{\sqrt{1-(1.33 \times 10^{-5})^2}} = 1 + 9 \times 10^{-11}$ 로 근사할 수 있으므로 $\Delta t = (1 + 9 \times 10^{-11})\Delta t_0$ 이다.

따라서 상대론적인 시간의 늘어남 효과는

$\dfrac{(\Delta t - \Delta t_0)}{\Delta t} \sim 9 \times 10^{-11} \sim 10^{-10}$ 으로 원자시계의 정밀도 10^{-13}s 보다 1,000배 더 크다.

그러므로 상대론적인 효과를 보정하지 않으면 위치 정보에 큰 오차가 발생하게 된다.

5 기관사가 보기에 기차 승강대의 길이가 다음과 같이 짧아진다.

$l' = 200\sqrt{1-(\dfrac{v}{c})^2}$ m

기관사가 보기에 기차가 승강대를 지나가는데 걸리는 시간은

$\dfrac{l'}{v} = \dfrac{200\sqrt{1-(\frac{v}{c})^2}}{v} = 5 \times 10^{-7}$s이다. 양변을 제곱한 다음 v^2을 구하면

$v^2 = \dfrac{4 \times 10^4}{6.9 \times 10^{-13}} = 5.8 \times 10^{16}$이므로 $v \simeq 2.4 \times 10^8$m/s이다.

따라서 기차와 승강대의 상대속도는 $v \simeq 2.4 \times 10^8$m/s이다.

 창의적으로 생각하고 해결하는 문제에도 도전해보자

6 고유 시간을 비교하기 위하여 간단한 모형을 생각해보자.

A는 지구 기지에 정지해 있고, B는 우주선을 타고 x_0 위치에 있는 별을 돌아서 온다고 하자. 우주선의 속력은 v이고 우주선이 지구로 돌아왔을 때 A가 측정한 시간은 t_0이다. 우주선을 타고 있는 B에게 있어서 고유시간은 경로의 길이이다.

따라서 B의 고유시간은

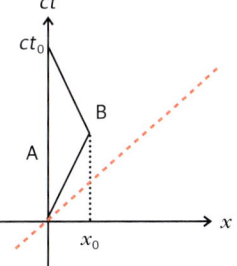

$2 \times \dfrac{\sqrt{(\frac{ct_0}{2})^2 - x_0^2}}{c} = \sqrt{t_0^2 - (\frac{2x_0}{c})^2}$ 이므로 B의 시간이 더 느리게 흐른 것이다.

7 특수상대성이론을 적용하면 빠른 속력으로 운동하는 관찰자 입장에서는 안드로메다 은하까지의 거리가 줄어든다. 안드로메다 은하까지 거리가 L_0이고 우주선의 속력이 v라면 우주선에서 측정한 거리는 $L_0\sqrt{1-(\frac{v}{c})^2}$ 가 된다.

즉, 우주선의 속력이 빨라지면 거리가 줄어드는 것이다. 따라서 안드로메다 은하까지 가기 위해 해결해야 할 문제는 빛의 속력에 가깝게 날아갈 수 있는 우주선을 제작하는 것이다. 현재의 기술로는 우주선의 속력이 빛의 속력의 1%에도 미치지 못하지만, 결국 과학기술의 발전을 통해 그러한 문제를 해결할 수 있을 것으로 본다.

물질이 빛의 속력으로 이동할 수 있는지 그 가능성에 대해서 살펴보자. 예를 들어 3D 프린터 기술을 응용하는 상황을 생각해보자.

달에 있는 우주 기지에 빛의 속력으로 정보를 보내서 기지에 설치된 3D 프린터로 출력하면 물질이 빛의 속력으로 이동한 것과 마찬가지이다. 물론 달 기지에 3D 프린터가 설치되어 있어야하는 한계가 있긴 하지만 물질이 빛의 속력으로 이동할 수도 있음을 보여준다.

PART 10

 내용을 잘 이해했는지 확인해볼까?

1 인공적으로 무중력 상태 유도하는 방법
- 자유낙하하는 물체 안에서 무중력 상태가 유도된다.
  - 지구 주위를 돌아가는 인공위성 내부 공간
  - 중력가속도로 낙하하는 비행기 내부 공간
- 물속에서 부력과 중력이 평형을 이루도록 한다.

2 • 뉴턴 역학적 관점 : 인공 위성 내부에 있는 물체에 작용하는 힘은 지구가 끌어당기는 만유인력과 인공위성의 가속운동에 의해 발생한 원심력이다. 이 두 가지 힘은 반대방향으로 작용하고 정확하게 상쇄되기 때문에 인공위성 내부에 있는 물체에는 힘이 작용하지 않는 합력이 0인 상태이다.
중력은 존재하지만 원심력 때문에 합력이 0이라는 것이다.
- 일반상대성 이론적인 관점 : 인공 위성 내부 공간에서 중력장이 사라진 것이다. 무중력 상태가 유도된 것이다.

3 • 갈릴레이 및 뉴턴의 관점 : 관성질량과 중력질량이 같다.
- 일반상대성 이론의 관점 : 기준계의 가속효과와 중력효과를 구분할 수 없다.

조금 더 어려운 문제들도 한번 풀어볼까?

4 마이컬슨-몰리 간섭계의 기본 원리

레이저와 같은 광원에서 출발한 빛이 빔 분할기를 지난 후 검출기에 도달하기까지 두 갈래의 경로를 따라 운동한다. 이 두 경로의 거리가 반파장의 홀수배($\frac{1}{2}$, $\frac{3}{2}$, $\frac{5}{2}$ 등)만큼 차이난다면 보강간섭이 일어나고, 반파장의 짝수배만큼 차이가 나면 상쇄간섭이 일어나게 된다.

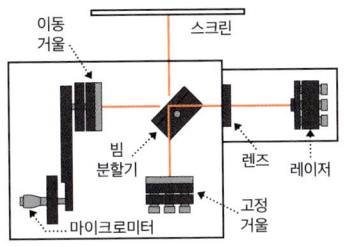

5 중력파와 전자기파의 공통점과 차이점

	공통점	차이점
전자기파	진공 중 속력 : c	운동방향과 수직인 직선상에서 진동
중력파	진공 중 속력 : c	운동방향과 수직인 면의 진동

6 $R_s \equiv \frac{2GM}{c^2} = \frac{2 \times (6.67 \times 10^{-11}) \times (2 \times 10^{30})}{(3 \times 10^8)^2} = 2.96 \times 10^3 \text{m}$

 창의적으로 생각하고 해결하는 문제에도 도전해보자

7

1) 우주선의 속력을 획기적으로 높일 수 있는 기술을 개발해야 한다.
2) 장시간 무중력 상태에 노출되는 경우 인간의 생존을 보장할 수 있는 방안이 마련되어야 한다.
3) 장시간의 우주 공간 여행을 견딜 수 있는 심리적 어려움을 극복할 수 이는 방안이 마련되어야 한다.
4) 다양한 우주 환경에 대처하여 생존할 수 있는 기술이 개발되어야 한다.

초판 1쇄 발행 2024년 2월 10일

지은이 신학수, 남철주
펴낸이 박 용
기획·구성 이지은
편집부 권미형, 주혜원, 장주은
편집·디자인 씨오디
캐릭터·삽화 백용원

펴낸곳 도서출판 세화
출판등록 1978년 12월 26일(제1-338호)
주 소 경기도 파주시 회동길 325-22(서패동 469-2)
영업부 (031)955-9331~2 편집부 (031)955-9333
팩 스 (031)955-9334
홈페이지 www.sehwapub.co.kr
이메일 sehwa3142@naver.com

ISBN 978-89-317-1263-6 (03420)
ⓒ 신학수, 남철주 2024

- 책값은 뒤표지에 있습니다. 잘못된 책은 구입하신 곳에서 바꿔드립니다.
- 이 책의 내용은 저작권법의 보호를 받는 저작물이므로 무단 전재와 무단 복제를 금합니다.